U0066735

當股市下跌,

Making money from
smart working

學會存股

多賺100萬

王國華◎著

當股市下跌,學會存股多賺100萬 / 王國華著. --
初版. -- 臺北市：羿勝國際, 2017.07
　　面；　公分
ISBN 978-986-91477-8-1(平裝)

1.股票投資 2.投資技術 3.投資分析
563.53　　　　　　　　　　　　106010487

羿勝國際

作　　者　王國華
美　　編　純伶
出　　版　羿勝國際出版社
初　　版　2017年09月
電　　話　（02）2297-1609（代表號）
定　　價　請參考封底
印　　製　東豪印刷事業有限公司

總 經 銷　羿勝國際出版社
聯絡電話　(02)2236-1802
公司地址　220新北市板橋區板新路90號1樓
e-mail　yhc@kiss99.com

一個良好的理財規劃，
勝過100個理財方法。

為下跌做準備

每年股市總有一波牛市行情，這時投資股票變成很容易，很多新手投資人在還沒有弄懂如何買賣股票，就迫不急待趕緊到證券公司開戶，希望能夠一進場就買到一支連續十支漲停板的飆股。或許新手投資人可以很快賺到錢，但並不是他的選股或操作技巧非常獨到，而是股票市場的牛市行情，才造成股票全面的飆升，任何人只要那個時候把錢投到股票市場，一個月的時間獲利翻倍以上比比皆是。

不過，股市卻也非常奇特，每年都有一次崩盤式的大回檔，不少投資人辛苦操作了幾個月，往往在短短的一至二個月裡連本帶利賠了回去，由此可知，若只靠運氣無法幫投資人賺錢，賺錢的真本事仍然要靠自己。

目前股市的獲利水準大不如從前，過去隨便選擇一檔股票就能夠獲利的機會，也將愈來愈小，這代表股價能夠大幅成長的空間愈來愈小，所以是投資股票賺取合理的利潤是常態，而某些股票的每年上漲幅度不會超過一成，甚至有些股票會不漲反跌。本書算是作者投入股市多年來的心得總

6

結，過去看到不少投資人因為得失心太重，患得患失，不僅錢沒賺到，身體也弄壞了，有的投資人很努力鑽研各種分析，卻不得其法，股市漲跌的脈動無從把握。

俗語說：「天下沒有白吃的午餐」，投資人必須了解，股票市場有漲有跌，欲於股市中完全避開下跌風險是不可能的，所以與其死作多，不如也學會在股市下跌時存股的技巧，當股市在下跌時，反而能夠掌握獲利契機。

任何股市新手都知道如何在股票市場中買進股票，但懂得何時該大買股票將使你更勝人一籌。因為在股市來自於人性，股票下跌的速度往往遠比它們上漲的速度更快，如果投資人知道如何在崩盤時存股票，獲利很有可能是別人的好幾倍。作者希望教你看懂股市趨勢的技巧，讓新手投資人能進化成為專業操盤手一般，並常從股市的跌勢中穩穩賺到錢，從此不在害怕股市的下跌，若能在學會在下跌時存股票，甚至還會期待股市下跌的來臨。

Contents
目錄

Contents
目錄

Contents
目錄

Part6　如何選擇定存股　197

Part 1

換個賺錢的腦袋

在可預見的未來裡，每個人都將被簡
單歸類為富人和窮人，那麼我們就必
須從現在開始選擇致富工具。

有風險的穩定工作

從最小的地方開始起步，獲取一些經驗後，就能夠讓自己的錢開始為自己工作。

你認為有錢人和窮人的標準在哪裡？答案是誰能留下自己的全部收入，誰就是有錢人。

有錢人的錢越滾越多

例如小張和小李今年同樣都收入一百萬元，小張是上班族，因此要乖乖繳納所得稅。小李是一家小企業的老闆，因此能透過公司支出來合法節稅。

在很多國家「繳稅」、「服兵役」、「繳勞健保」都屬於國民應盡的義務，而當中最令多數人感到頭疼的就是「繳稅」。

不管是牌照稅、燃料稅、營業稅、

關稅、甚至是個人綜所稅，只要你是受薪階級，每一毛錢都跑不掉。

看，企業家要雇用員工，越大型的企業要雇用越多的員工。若企業沒有保留足夠的現金，就無法持續雇用員工，而造成越來越多人沒工作，最後讓全國的失業率攀升，最終使得整個國家競爭力走向衰退。

事實上，有錢人他們擁有優良的財務知識，他們能夠透過投資房地產、股票和企業支出，來讓自己大部分的現金收入都留在自己的口袋裡，而且再繼續投資下一個房地產、股票和企業。

於是有錢人的錢就會越滾越多，形成了一個良性循環。或許你會認為「這世界真是不公平，有錢人賺得多，卻不用繳稅，那還有天理嗎？」

總結來說，稅法只對於能創造工作的人有利，例如提供就業機會的創業家，或是提供平價住宅的投資家，對於上班族來說，所賺到的收入，都需要按照一定的比例繳稅。

致富方程式

站在繳稅的角度上來看，或許不公平，但若我們站在企業家的角度上來

人們對於「穩定的工作」總有份迷

思，認為有了穩定的工作和收入，就是擁有了鐵飯碗和金飯碗，一輩子都不愁吃穿，但是現實的狀況是，企業家可以為了降低成本或減少虧損，輕易地裁掉對公司沒有業績幫助的員工，所以有越來越多人失去了他們的穩定工作。

因此這世界上根本沒有「穩定的工作」，但是只要你肯用心學習財務知識，那麼你會發現其實是有個「致富方程式」，這方程式能夠幫助你用極低的風險和極少的體力，就能夠獲取夢想中的財富。

放眼全世界，每個國家的大企業家一定是當地政府大力扶持的對象，若這

些企業稍有不慎而倒閉，那麼輕則造成數十萬人失業，重則還有可能讓國家的GDP大幅縮水。

因此我們不該自怨自哀，反而應該學習這些有錢人的致富方程式，讓自己的財富，也能夠隨著時間逐漸增長。

我觀察了世界上的許多有錢人，發現他們都有個共同的致富方程式，這方程式即是：

創業＋投資＋時間＝致富

▶ 詳細建立自己的月記帳表

項次	項 目	消費月份	消費金額累積	備 註
1	交通			除一般上班的交通費外，也包含各項稅與油費開銷
2	餐費			除正食與外食外，柴米由鹽醬醋茶均包含在內
3	租屋			
4	水電瓦斯			
5	服裝			
6	娛樂			
7	書報			
8	通訊			含電話、手機、平板電腦等通訊器材與租費
9	家電用品			含電腦、週邊、家用電器…等用品
10	香煙			
11	酒			
12	應酬			
13	零食			指一般正食以外的吃食
14	紅白帖			
15	慈善公益			
16	借出呆帳			即借錢給人家卻收不回來了
17	維修			含汽機車、電腦、家用電器..等修復費
18	稅金費用			如所得稅、房屋稅、地價稅等稅金
19	罰款費用			如拖吊、車子罰單等各項罰款費用
20	孝養父母			
21	醫療			
22	其它雜支			

有錢人透過創業，讓個人的支出成為公司支出的一部分，透過投資房地產或股票，讓自己擁有固定的現金收入。

因此，有錢人讓自己的收入極大化，並讓自己的支出極小化，隨著時間一天一天地過，有錢人的財富也就一天一天的增長。

選擇，重於一切

在過去，我們一直被灌輸著人生當中只有一個選擇：「上學得到好成績，畢業找個穩定的工作。」這個選擇最後讓我們成為一個受薪階級的上班族，若選擇了這條路，或許短期內可以獲得溫

飽，但是長期而言，我們卻是走向貧窮之路。

事實上，這世界上除了「穩定工作」這選項，還有各式各樣的選擇，你可以選擇當老闆，透過員工努力工作，而讓公司獲得最高收益，最後進而讓自己致富。

你也可以選擇投資房地產，透過房客每月準時繳交租金，讓自己每月不用工作就有收入；你也可以投資一家優良企業的股票，讓這家企業的老闆努力地去經營公司，每年你可以不用工作就可以分得股息和股利。

但是以上這些選擇，都需要足夠的「財務知識」。但是這些知識卻是學校老師不可能教的，老師們不可能會教你如何去開公司創業、如何投資房地產或找好股票投資。

他們總是會以類似「那總是太冒險了」的話語帶過，接著老師會再鼓勵你繼續把書念好，畢業後找份好工作。

因此，壞消息是「想獲得成為有錢人的財務知識，就只有靠自己了」，但是好消息是「有錢人的財務知識一點都

不難」。你不用懂得微積分、也不用找出歐洲有哪些國家、更不用背出化學元素表。

你所需要的就是拿出自己的勇氣，勇敢地跨出第一步，從最小的地方開始起步，獲取一些經驗後，就能夠讓自己的錢開始為自己工作。

最後就算無法成為鉅富，但定不會成為窮忙的上班族，還可以讓自己和家人衣食無缺，並且不用煩惱老年生活，讓自己真正獲得財務自由。

這世界上除了「穩定工作」這選項，還有各式各樣的選擇。

19

具備基本的財商教育

依靠自己努力獲得財商教育，才能擺脫窮忙族的惡性循環。

雅婷生長在一個小康家庭，從小到大父母給她的觀念就是：「把書讀好，將來找個穩定的工作。」

因此儘管雅婷不喜歡唸書，但是為了以後有個穩定的工作，她還是盡力地獲取大學文憑，畢業後，也順利進入一間電子公司工作。

停滯二十年的起薪

但是她畢業後的起薪是二萬五千元，這樣的起薪跟二十年前一樣，也就是說，當雅婷讀幼稚園至大學畢業這段期間，上班族的薪水呈現停滯狀態，但是這二十年間的物價卻上漲了數倍至數十倍不等。

雅婷發現到這樣的問題，跟父母討論時，所得到的回應則是：「年輕人要懂得吃苦，有工作做就不錯了，你不知道很多人還失業嗎？」

雅婷沒想到她人生中最快樂的時光竟是在求學時代，因為只有在求學時不用擔心錢不夠用，因為爸媽自動會把錢給她。但是一旦畢業後，無論自己如何加班賺錢，卻永遠感覺錢不夠用，戶頭裡也永遠無法存到錢。

有一天雅婷看電視時，發現人力銀行公布一份調查，有56％受訪上班族存款不到五萬元，其中更有26％是零存款、標準的「月光族」，而67％工作不

開心，70％認為「自己的健康比實際年齡老態」。存款低、心情低、健康指數低的「職場三低族」，反映出台灣勞工「窮忙」現象，在這時雅婷才猛然驚覺原來自己也成為「窮忙族」大家族的一份子。

現在有很多人跟雅婷一樣，在個人財務方面遭受到不平等的對待，不管是政府、老闆或是親戚朋友，幾乎沒有人可以在財務方面，提供你正確和實質的金錢幫助。

因此，想要早日獲取財務自由，唯有依靠自己努力獲得財商教育，才能擺脫窮忙族的惡性循環。

21

	月份						
七月	八月	九月	十月	十一月	十二月	總　計
1,500	1,650	1,350	1,400	1,350	1,450	17,150
2,000	2,500	2,000	2,000	2,000	2,000	24,500
1,500	900	1,000	780	600	1,260	10,840
1,000	0	500	0	0	1,200	2,900
1,200	0	1,500	0	0	1,200	6,000
1,000	900	1,200	1,050	950	1,200	13,500
0	0	0	400	0	0	700
2,000	1,600	1,200	1,500	1,680	1,500	15,180
1,200	0	0	0	650	4,500	7,550
300	300	300	300	300	300	3,600
4,000	4,000	4,000	4,000	4,000	4,000	48,000
1,200	600	600	550	350	800	6,400
2,200	2,000	1,500	1,400	1,500	1,950	20,750
0	0	0	0	0	0	3,000
0	0	0	600	0	0	2,200
800	700	650	450	500	450	6,550
0	0	0	0	0	0	2,400
1,200	0	300	0	300	0	3,900
3,500	3,500	3,400	3,500	3,450	3,350	40,100
2,000	1,500	800	500	700	1,200	11,200
5,000	5,000	5,000	5,000	5,000	5,000	60,000
0	0	0	0	50	300	1,150
31,600	25,50	25,300	23,430	23,380	31,660	307,570

▶ 列出自己的年度支出分析表

加總/消費金額累積						消費
項目	一月	二月	三月	四月	五月	六月
水電瓦斯	1,450	1,500	1,200	1,200	1,600	1,500
交通	2,000	2,000	2,000	2,000	2,000	2,000
其它雜支	800	500	700	900	700	1,200
服裝	200	0	0	0	0	0
紅白帖	1,500	0	0	600	0	0
香煙	1,200	1,200	1,200	1,200	1,200	1,200
借出呆帳	0	0	0	0	300	0
娛樂	1,000	600	600	1,000	1,500	1,000
家電用品	0	1,200	0	0	0	0
書報	300	300	300	300	300	300
租屋	4,000	4,000	4,000	4,000	4,000	4,000
酒	900	300	300	200	300	300
通訊	2,000	1,800	1,500	1,800	1,600	1,500
稅金費用	0	0	3,000	0	0	0
慈善公益	0	1,000	0	0	0	600
零食	500	500	500	500	500	500
維修	600	0	600	0	0	1,200
罰款費用	1,200	600	0	300	0	0
餐費	3,300	3,000	3,200	3,100	3,300	3,500
應酬	1,200	600	0	600	900	1,200
孝養父母	5,000	5,000	5,000	5,000	5,000	5,000
醫療	0	300	0	0	300	200
總　計	27,150	24,400	24,100	22,700	23,500	25,200

養出 3 大金雞母

財商教育能夠讓你擁有領先別人的致富競爭力，這種競爭力能夠讓你獲得無限大的投資報酬率，就像你可以印製自己的鈔票一樣，財商教育包含了三大領域：

1.股票
2.房地產
3.創辦公司

真正的有錢人每個月可以從這三大領域中，固定獲取現金的收入，有錢人不喜歡把錢存在銀行，反而是找尋更多的投資機會，也就是說，只要價錢夠低，那麼有錢人會不斷買入股票、房地產和創辦公司。

許多上班族總是為了「現金太少」而煩惱，但是有錢人卻是經常煩惱「現金太多」，因為他們不斷買入可以收到現金的金雞母，所以有錢人永遠不用擔心錢會不夠用，而是要思考「錢如何用」。

當全球不景氣時，各國政府通常為了避免通貨緊縮，便會大量發行鈔票，

24

希望造成通貨膨脹，但是這時有錢人很有可能無法把現金持續投入股票、房地產和創辦公司等領域。

這時有錢人會把多餘的現金投入原物料商品。例如黃金、白銀、石油等原物料，因為原物料的趨勢跟通貨膨脹呈現正相關，因此有錢人這時便會把錢轉至原物料商品，等待股票、房地產和創辦公司的進場機會。

生病的資格

對於收入越來越少的上班族而言，由於本身擁有的投資現金過少，因此可以暫且先不用考慮投資原物料商品，反

而應該把所有的心力放在股票、房地產和開辦公司等三大領域，如此才能越早擺脫窮忙族的狀況，讓自己擁有財務自由的人生，也能夠循序的建立自己的完善退休計畫。

有錢人不需要政府退休計畫，因為能夠自己創造出源源不絕的現金，把錢投入政府的退休計畫，所得到的收入，對他們的真正的退休生活來說，根本毫無生活品質和保障。

老年所需要的醫療費用極高，即使有醫療保險補助，但是對一些自費項目的重大疾病而言，補助的金額往往只是杯水車薪。

所以這時若無法在年輕時，就為自己預備好股票、房地產和創辦公司等三大金雞母，那麼到了年老的時候，將可是會連生病也沒有資格的。

貨幣是經濟的北極星

「股市是經濟的櫥窗，貨幣則是經濟的北極星」，有錢人在進行投資時，所注重的是對貨幣走勢擁有高度的可預測性，也就是說，有錢人會特別密切關注美元、歐元和日圓等這三大貨幣的趨勢。

舉例來說，當之前美國FED實施QE政策後，造成了美元長期走貶，美國希望因此有助於提振本國的外銷，而

各國央行也紛紛起而效尤，也各自大量印製鈔票，因為不這麼做的話，將會讓他們對美國的出口呈現停滯或負成長，所以一旦美國開始印鈔票，各國央行也會同步跟進開始印鈔票。

全球央行大量印鈔票的結果，造成全球性的通貨膨脹，所有的資產都同步上漲，但是這時受薪階級的薪水若沒有同步調升，那麼將造成物價越來越貴，而薪水越來越少的慘況，造成貧富差距越來越大。若上班族不早點面對這樣的問題，趁年輕趕緊想辦法解決，將來等到年老時發現怎麼賺來的錢都不夠用時，到那時候誰也救不了你。

section
3

銀行要的成績單

很多成績不好的學生只是對考試沒興趣，
但是他們在其他領域一定會有屬於自己的天分。

從小到大，父母師長都都常灌輸我們一項觀念，殊不知這項觀念卻大大限制我們通往財務自由的道路，這項觀念為「上學拿高分」。

在求學時代，我一直以為只有得到好成績才是對的，若無法得到好成績，那麼以後一定沒有前途，等到我大學畢業出社會找工作時，我才驚覺到「除了會讀書，其他的我都不會」。

現有學校的兩種教育

或許你看到這裡，會覺得我很反對教育，但事實上並不是這樣，我很認同教育，在學校可學到基本的兩種教育。

第一種是基礎教育，也就是聽說讀寫和算術教育，第二種是專業教育，若你想成為醫師、律師或會計師，透過學校的專業教育體系即可達成這個目標。

別人，反而應該先學會被管理。但是學校老師可從來沒教過我要如何與主管溝通、如何開發客戶和本身的理財規劃，而這些知識卻是影響我這一生最重要的學問。

但是假如學生學會了基本的學術教育，但是對於醫師、律師或會計師等領域完全沒有興趣時，現有的教育體系完全無法幫助這些學生，只能鼓勵這些學生盡量再多進修，多讀一些碩士和博士，這不只是讓學生不斷逃避面對社會，更是浪費了許多學校資源。

所以我真正反對的是現有教育體系，除了基礎教育和專業教育外，對於「財務教育」極度缺乏，造成許多社會新鮮人畢業後，則是完全無法適應這社會。

我就是現有教育體系下的受害者，我在大學是學商業管理，出了社會後，才發覺不可能一進公司就當主管來管理

因為各種工作起薪又低，無法存到錢，工作又常是「上班打卡制，下班責任制」，所以便讓這些畢業生更感挫折。

28

銀行要的成績單

我剛結婚時，由於想要擁有自己的房子，便跟銀行開始談房貸事宜，而銀行專員要我提供我和我老婆的收支和資產負債狀況，也就是要我們提供個人的財務報表，讓銀行專員進入審核。

例如我們要提供我們的相關帳戶或存摺，以證明我們的收入可以負擔每月的房貸支出，我們也要提供存款、房地產和其他貸款證明，讓銀行評估我們的資產負債狀況，是否會因為多了房貸這項負債，而影響到我們之後無法負荷房貸，因為一旦我們無法正常繳付房貸，對銀行來說就等於多了一個呆帳。

除了房貸，若我們想要向銀行申請創業貸款、購車貸款或信用貸款時，銀行總是要看我們的財務報表，而絕對不是我們在學校的成績單。若你只有高中畢業，但是銀行存款有上百萬，每月也有固定的收入，那麼你便是銀行眼中的「高材生」。

若你本身負債上百萬，收入也不固定，即使你擁有雙博士學位，銀行也不會想跟你打交道，所以財務報表就是我們離開學校後的成績單。

教育體系的重大缺失

現有的教育體系除了缺乏財務教育

之外，還有另一項嚴重的大缺失，那就是依照學業成績將學生分類為好學生和壞學生兩種。

只要成績好就歸類為好學生，成績不好就歸類為壞學生，成績好就能夠考上明星大學，成績不好就只能讀一些野雞大學。

很多成績不好的學生只是對考試沒興趣，但是他們在其他領域一定會有屬於自己的天分。在美國的黑人家庭裡，從小朋友盡力地去學習唱歌、跳舞和運動。

因為黑人天生就有這方面的天份，

他們能夠透過發揮天份來鼓舞別人。如今的音樂界和體育界有很多的明星就都是黑人，就是一項最好的證明。

我在國中時期以為「萬般皆下品，唯有讀書高」，因此我努力求取好成績，後來果然獲得極優秀的成績保送高中，但是進到高中後，我發覺書的內容怎麼還是跟以前類似，只是比國中還難了一點。

那時我開始思考這樣努力拿高分，似乎不是條正確的路，所以我開始探索出社會後應該要有的一些知識，而我的學業成績開始一落千丈，那時我的老師覺得很奇怪，認為我的國中成績看起來

30

是高材生，為何高中成績這麼不理想。

老師想到的唯一理由是「我變壞了」，

因為只有壞學生的成績才會不好，因此

老師對我的態度則是完全是以瞧不起的

心態對待。

這讓我的高中生涯過得很不快樂，

之後我高中畢業時成績是在班上的後段

班，後來考上的大學也只是一般大學，

所以我自己本身也是這個教育體系下的

受害者。

學習金字塔

依據美國的教育學家戴爾於

一九六九年所提出的學習金字塔理論，

學習可分為被動的學習（間接）及主動

的學習（直接）。

被動的學習：

如看電視，指的是完完全全的由外

人所供給的知識，自己只是負責接收訊

息而已。

主動的學習：

如讀書、畫畫、做菜等，指的是除

了需要自己吸收之外，並且透過自己，

也讓別人也可以分享這些知識，戴爾認

為單純的去學習一些新的知識的話，

在兩周後所能夠記得的內容為：

一、讀（留存10％）閱讀文字。

透過戴爾的研究發現，透過實做和教導別人所獲的主動學習是最有效的，所佔的比例高達90％。反而是傳統的聽說讀寫等被動學習，所佔的比例分別為10％和20％。

二、聽（留存20％）聽講。

三、靜態學習（留存30％）看以圖片資料呈現的資訊。

四、動態學習（50％）看影片或觀展或看示範說明。

而可悲的是現有的教育體系卻只是注重於被動學習，而不鼓勵學生去獨立思考。

五、溝通學習（70％）討論後或說出感想。

更可悲的是，當一個不懂得獨立思考的學生畢業後，當面對財務問題或困難時，通常只會想要再去進修或獲取更高的學位，而不是努力學習投資理財的知識。

六、實做與教導（90％）做簡報或模擬經過或經自己設計並實際呈現表述。

32

▶ 學習金字塔

讀	10%
聽	20%
靜態學習	30%
動態學習	50%
溝通學習	70%
實做與教學	90%

資料來源：戴爾（Edgar Dale）的經驗金字塔理論（Cone Of Experience）

33

擁有對金錢的掌控權

當有天你擁有財務的知識，你就會擁有了掌控金錢的力量。

因為工作的關係，我曾經訪問一位上市公司的老闆，在訪談結束時，我請教他致富的秘訣：

他回答：「這世界上大部分的人為了錢，都很努力工作，但只有極少數的人，讓錢或人努力為他們工作，若你想致富，就要讓錢或人為你努力工作。」

讓人為我努力工作

即使上班族努力工作獲得越來越高的收入，但是國家卻會對這些高所得的人士課取越高的稅金，每個國家稅法建立的精神，就是鼓勵人們創造自己的資產。因為一個國家擁有越多的資產，那麼代表創造了更多的就業機會，國家的

34

經濟就越來越好，失業問題也越來越少。這裡所謂的資產即是建立企業，不是建立自己的事業。

職位越高的上班族，是在幫老闆建立企業，不是建立自己的事業。

我們努力工作也很難存到錢的原因，就是薪水增加的速度不如物價上漲的速度，所以假如可以選擇創業，那麼透過讓員工努力地工作，就能讓自己的收入遠遠超過物價上漲的速度。

我們都誤以為創業的風險很高，但其實若能找到獲利模式，創業家其實是一種低風險的職業。對上班族來說，客戶只有一位，那就是老闆，因此上班族必須努力工作，來討好自己的老闆，因

為一旦被老闆開除，那代表上班族失去了一〇〇％的薪資收入。

創業家的客戶有成千上百個，一旦當中有個客戶不下訂單，那麼影響到創業家的收入也只是千分之一或百分之一。創業家的風險大大地降低了，所以越成功的創業家，越能讓自己的風險降至越低。

最穩健的投資工具

你看過倉鼠在籠子裡努力跑步的樣子嗎？這代表著在現實中絕大部分的人們的生活狀況，就想倉鼠在滾輪裡面跑一樣，怎麼跑也跑不出去，卻又停不

下來，倉鼠若想得到自由，不是努力地在滾輪上跑步，而是要想辦法逃出籠子。

因此，上班族唯一的解決方法，就是倉鼠要想辦法逃出籠子一樣，要努力跳出目前的工作框架，重新找回對金錢的掌控權，若是短期內各方面條件都不適合創業，那麼可以先朝購置房地產出租這方面著手。

阿偉是我在教會的一個朋友，他在二○○八年金融海嘯時，想在台北市買房，無奈即使那時大台北的房價有修正，但是對他來講還是太高。

因此他下了一個決定，他繼續在台北租房子，並用他的自備款在高雄市購置了四間房子，每間房子隔成五間套房，共有二十個單位出租，每個單位扣除所有成本能夠淨賺二千元，因此他目前每月不用工作就有四萬元的淨收入。

這幾年高雄的房價漸漸上漲，有次我問阿偉是否有想要獲利了結出場，他表示，「即使賣出，以後也很難再以更低的價位買回來，還不如繼續讓這四間房子為我努力工作。」

只要慎選時機和標的物，房地產其實是一項很穩健的投資工具，因為銀行能夠借你大部分的資金購置房地產，你

▶ 每月投資股市$5,000，每年報酬率以12％計算

年期	累計投資 金額	本利合
1	$60,000	$63,413
2	$120,000	$134,867
3	$180,000	$215,384
4	$240,000	$306,113
5	$300,000	$408,348
6	$360,000	$523,550
7	$420,000	$653,361
8	$480,000	$799,636
9	$540,000	$964,463
10	$600,000	$1,150,193
11	$660,000	$1,359,479
12	$720,000	$1,595,308
13	$780,000	$1,861,045
14	$840,000	$2,160,485
15	$900,000	$2,497,901
16	$960,000	$2,878,110
17	$1,020,000	$3,306,539
18	$1,080,000	$3,789,303
19	$1,140,000	$4,333,294
20	$1,200,000	$4,946,277

還能用出租的方式，讓房地產為你賺錢，所以若你手上有一筆錢存在定存，不滿意，但也只能接受，因為行政工作本來就只是個基層的工作。

那麼我給你一項中肯的建議：「趕緊去買房地產出租吧！」

靠股票，
每年多領一份年終獎金

雅雯的老闆很會激勵業務部，總是不斷在開會時公告，只要業績達至多少時，就會提撥一份豐厚的年終獎金，因此每年的尾牙總是看到每位業務臉上都是笑呵呵。

雅雯只是個行政助理，對於公司的業績成長並沒有直接的貢獻，因此每年

的年終獎金通常都只有幾千元，我雖然

不過雅雯有個習慣，就是每月領到薪水時，一定就會去買中鋼的股票，這是雅雯媽媽的建議，她說：「不要把錢存在銀行，有點小錢就買股票存著。」

所以雅雯的理財方式就是「存股票」。

過了幾年後，雅雯手上的中鋼股票已經累積到了一百張，她每年可以從中鋼領到約二十五萬至三十萬的股息股利，雅雯等於為自己賺到了屬於自己的年終獎金，而且還不用像業務部一樣，整日為業績打拼。雅雯打算繼續累積手

38

上的中鋼持股，她希望在五十歲前累積到三百張中鋼股票，如此一來，她每年就有約一百萬的股票收入，她也可以好好規劃自己的退休生涯了。

地產和股票投資，是我所建議的三大投資工具，若能好好運用這三大工具，我們一定可以重新找回對金錢的掌控權。

我們可以自己控制收入高低，而不再是由老闆來決定自己的收入。

知識就是力量

上班族的生命其實一直被金錢所掌控，我們必須努力上班工作，不然我們無法賺取生活上的花費。

我們也可以想放假的時候就放假，而不是身體不舒服時，為了多賺錢而勉強上班，我們更可以決定我的退休年齡。只要條件許可，我們可以在50歲前就退休，而不是過了六十五歲的退休年齡，還必須拚老命上班。

我們更要保持健康，因為一旦生病了，除了醫藥費之外，我們大多數的薪水還會因此暫停給付，因此上班族就像是金錢的奴隸一樣，把自己的生命蠟燭，完全是燃燒在工作上頭。創業、房地產和股票投資，這世界上還有很多種不同的投資工具，例如期貨、選擇權、債券、黃金、

白銀……等投資工具，都能夠幫助我們跳脫上班族的宿命。

關鍵還是在於本身的財務知識有多　少，正如我們常常可以聽到的英文諺語：「知識就是力量。」當有一天你有了財務的知識，你就擁有了掌控金錢的　力量。

了解風險，再來想利潤

在追逐所謂的「飆股」時，要懂得適時停利出場，以免高檔套牢，就只能看著股價一路往下崩跌。

在股市這幾年來，發覺每一年的主流股的隔年，這些股票就像是垃圾一樣沒人要。

股價走勢好一點的呈現緩跌走勢，悲慘一點的就像自由落體一樣崩跌。

二〇〇五年至二〇〇六年的主流股

二〇〇五年的油價節節高升，投資人聯想到可以找太陽能來當替代能源，因此以茂迪代表的太陽類股紛紛大漲，但是等到石油油價回跌後，投資人才驚覺到太陽能離替代能源原來還有很長一

段距離。二〇〇六年日本任天堂公司出了Wii遊戲機，用身體互動的遊戲功能，取代了以往用按鈕式的操作。

而原相因為是相關代工廠商，進而股價也隨著遊戲機大賣而大漲，但等到其他遊戲廠商推出更好的體感遊戲時，Wii遊戲機銷售急劇下滑，原相股價自然也就跟著崩跌了。

熱炒可以在澎湖建立賭場，規模甚至可以超越澳門，可以帶來的商機數千億，因此當年的伍豐等博奕類股，便搭上了那一波的飆漲列車。

後來澎湖居民自行舉辦公投，反對當地設立賭場，為博奕類股澆了一盆冷水。伍豐股價開始向下滑落。

到了二〇〇八年美國金融海嘯發生，全球股市大跌，有錢人的錢變少了，自然也會減少去賭場消費，因此至此伍豐的股價宣告「回不去了」，開始往下崩跌，台灣的博奕夢也正式從這時候醒來了。

二〇〇七年至二〇〇八年的主流股

二〇〇七年時當時的全球股市大好，而當許多人有錢沒地方花時，就會想去賭場求刺激，再加上台灣當時正在

2005年飆股：茂迪月線圖

2006年飆股：原相月線圖

圖片來源：永豐e-leader

43

二〇〇七年底至二〇〇八年是美國金融海嘯的爆發年，台股從九千八百五十九點崩跌至三千九百五十五點，所有的股票腰斬再腰斬，在這種大空頭的行情中，唯有一些小型股容易可以受到主力的拉抬，逆勢走出一段波段行情。

川飛即是在這樣的背景中，在99%的股票都在下跌時，川飛從十元飆漲至二十元，但是等到金融海嘯後，川飛主力也跟著退場。股價不只回到原點，反而更往下探，因此像這種主力小型股，投資人寧可少賺也不要多賠。

二〇〇九年至二〇一〇年的主流股

二〇〇九年台北股市剛剛脫離前一年的金融海嘯，許多投資人都驚魂未定，不敢出門消費，只敢在家上網玩遊戲，結果造就了遊戲股網龍的飆漲。

二〇一〇年初，全球股市擺脫了金融海嘯的陰霾，許多股票開始展開大波段的上漲行情。

這當中，由於中國大陸的經濟崛起，人民消費力強，而生活必需品便是人民首要採買的商品，因此相關的中概通路股便有了想像題材。

2007年飆股：伍豐月線圖

利潤

風險

2008年飆股：川飛月線圖

利潤

風險

圖片來源：永豐e-leader

45

潤泰全在大陸的大潤發總是人山人海，而且加上報章媒體的推波助欄，也讓廣大的散戶們認同，因此股價可以從十幾元，一路大漲至一百多元，但是當潤泰全股價突破百元時，基本面的營收和獲利卻沒跟上。

造成潤泰全超高的本益比，投資人開始驚醒到，潤泰全的價格有可能被高估。

因此從二〇一〇年下半年開始，大陸股市開始疲弱，隨後的歐債問題也開始發酵，因此潤泰全的股價也開始崩落了。

風險至上

有次我在收發Email時，有位好朋友寄來了一份網路流傳的順口溜，因為寫得太傳神，我特別轉貼如下：

進入股市者，武松進去，肉鬆出來；寶馬進去，自行車出來；皮大衣進去，三點式出來；老闆進去，打工仔出來；鱷魚進去，壁虎出來；蟒蛇進去，蚯蚓出來；老虎進去，小貓出來；別墅進去，草棚出來；站著進去，躺著出來；牽著狗進去，被狗牽出來；坐火箭進去，坐潛艇出來。

2009年飆股：網龍月線圖

利潤

風險

2010年飆股：潤泰月線圖

風險

利潤

圖片來源：永豐e-leader

這順口溜第一次看到時，會覺得還滿有趣的，但是再反覆讀幾次，就會領悟到股市裡的確充滿了風險。

所以希望大家在追逐所謂的「飆股」時，要懂得適時停利出場，以免高檔套牢後，從此就只能看著股價一路溜滑梯往下崩跌。

48

Part 2

股市新手的基本功

股市投資絕對不能聽信小道消息，一定要自己實實在在地學習基本功，才能在詭譎多變的股海裡無往不利。

在不景氣時，翻身致富

在可以有收入時，為退休時可以存下一筆養老金，不用在為食衣住行所煩憂。

以台灣綜所稅申報來看，一般家庭平均所得，五％最窮的家庭所得為四‧六萬元，五％最富的家庭所得為四二九‧四萬元。貧富差距飆升到了九十三倍之多。

若再以家庭收支來看，二十％最高與二十％最低的家庭貧富差距為六‧一九倍，如此貧富差距懸殊的情況，已經使得台灣人被迫被分類為貧窮的台灣人與富有的台灣人。

最壞的時代，也是最好的時代

作家狄更斯在《雙城記》裡形容法國大革命：「那是最好的時代，也是最

壞的時代；是智慧的時代，也是愚蠢的時代；是信仰的時代，也懷疑的時代；是光明的季節，也是黑暗的季節；是充滿希望的春天，也是令人絕望的冬天；我們的前途擁有一切，我們的前途一無所有；我們正走向天堂，我們也走向地獄——總之，那個時代和現在是如此的相像，以至於它最喧鬧的一些專家，不論說好說壞，都堅持只能用最高級的形容詞來描述它。」

的確，我們目前正身處在貧富差距最大的時代裡，但是我們沒有悲觀的權利，只有選擇致富的義務。我們不能選擇持續抱怨社會、抱怨政府、抱怨老闆……我們必須選擇改變自己的態度，

抱怨的工作就留給報章媒體去監督。身為平民老百姓，我們必須要在這最壞的時代裡，打造出屬於自己最好的時代。

既然在可預見的未來裡，每個人都將被簡單歸類為富人和窮人，那麼我們就必須從現在開始選擇致富工具，那麼就算以後無法當上家財萬貫的富人，至少在退休時可以存下一筆養老金，不用在為食衣住行所煩憂。

窮人的三大優勢：

靈活、槓桿、時間

窮人雖然可投資的資金較少，但是卻能把劣勢換為優勢，富人的投資資金動輒上千萬，因此必須講求低風險的資產配置，每年可賺取個 6％至 10％的報酬率，對富人來說就可滿足。

窮人的可投資資金一般都在幾十萬左右，因此可以靈活投資在高風險高報酬的商品上，就算賠光了，也只是幾十萬而已，很容易再賺回來。

而若看對一次趨勢，窮人的資金可以呈現倍數翻，讓自己快速脫離貧窮。

金融槓桿是窮人可翻身的致富工具，舉凡選擇權、期貨、融資都是可以

讓自己的資金放大好幾倍來投資。

只是要成功運用金融槓桿來致富，必須要擁有豐富的投資經驗，甚至要賠過好幾次錢之後才能夠學會。但是只要能夠學會槓桿投資，即使手上只有幾萬元，都可以在短期內賺到上百萬。

某財經網上的投資達人有句座右銘：

不輸＋時間＝一定贏

或許以財富的角度來衡量，很多有錢人富可敵國，但是不管他們再怎麼

52

▶ 用小錢滾大錢

每月投資，年報酬率設定為10%			
金額　　　　　年期	3,000	5,000	10,000
5年	232,066	386,776	780,824
10年	613,129	1,021,882	2,065,520
20年	2,266,324	3,777,206	7,656,969
30年	6,723,872	11,206,454	22,793,253

有錢，富人跟窮人一樣，每天都只有二十四小時可運用，而且很多富人拚了一輩子經濟，結果到了老年時，反而羨慕起年輕人擁有許多時間可運用。

因此若你是非常年輕的窮人，那麼恭喜你，你擁有了許多時間可以理財，而這些時間，是任何有錢人都無法跟你購買的。

section

2

為何要懂技術分析

只要看懂K線圖，再根據技術指標來買賣，就可以輕易地成為股市操盤手。

金庸小說的《笑傲江湖》是我非常喜歡的一部武俠小說。

基本面VS技術面

小說裡的華山派因為內部爭鬥的關係，使得華山派的武功被分為「氣宗」和「劍宗」，兩者之間最大不同在於華山派弟子的武功修練方向。

劍宗強調劍法招術的熟稔活用，以氣輔劍，代表功夫是「獨孤九劍」，氣宗剛好顛倒，以劍輔氣，強調氣為主劍為輔，代表功夫則是「獨孤九劍」則是紫霞神功。

《笑傲江湖》的主角令狐沖本來是以修行氣宗為主，但是後來因受傷關係，導致全身內力殆盡。

這時剛好遇到劍宗太師叔風清揚，得蒙傳承「劍魔」獨孤求敗的絕學獨孤九劍，從此即使令狐沖沒有內力，依然可以高超的劍術笑傲江湖。

無獨有偶的，在股票市場裡的投資策略也分為兩派，一派為基本面分析，一派為技術面分析，跟華山派「氣宗」和「劍宗」一樣。

基本面分析者和技術面分析者經常是看不對眼的，都各自認為自己的股市分析方法才是對的。基本面分析者注重財部報表的變化。

因此每月公司一公布營收時，便是觀察是否財務面出了問題，每年的季報、半年報、年報的公告時刻，更是一點都不能錯過。

更有甚者，還會拼命探聽公司的內部人員，希望可以得知最新的接單消息，進而掌握住最新的基本面變化。

《笑傲江湖》裡的令狐沖，即使學成了獨孤九劍，後來還是因緣得到龐大的內力，使得自己的武功不斷精進。

本書雖是以技術面分析的角度，來

▶ 基本面與技術面的多空因素表

	項目	利多因素	利空因素
基本面	國內外景氣環境	轉好、繁榮	轉壞、蕭條
	投資開放程度	採取自由經濟政策	採取保護主義政策
	原物料價格	原物料價格下跌	原物料價格上漲
	工資升降	基本工資下跌	基本工資上升
	產品價格	售價上漲，獲利上升	售價下跌、毛利下降
	營收業績	屢創新高	逐漸衰退
	匯率	台幣升值、進口廠商受惠	台幣升值，出口廠商匯兌損失
技術面	技術指標	黃金交叉	死亡交叉
	量價關係	價漲量增	創新天量，股價反向下跌
	股價型態	底部成形，季線上升	頭部成形，季線下降

探討股價漲跌與技術指標間的關係。但是我並不否定基本面的分析方式，甚至在完成此書之後，我的下一本書即使以財報的分析當主軸。

因為我認為基本面和技術面兩者是可以相輔相成的，投資人若想從詭譎多變的股市裡勝出，一定要在基本面和技術面兩方面持續學習，如此才能在股市裡大賺小賠，最後獲得自己夢想中的財富。

最快速入門的股市操作

技術面是投資人最快可上手的股市操作，因為只要看懂K線圖，再根據技

術指標來買賣，就可以輕易地成為股市操盤手，相對於看懂財務報表來說，股市技術面方便又簡單，從小孩到老人都可輕易學會。

只是看似容易入門的技術面，離獲利還是有一段距離，最主要的原因就是技術指標容易鈍化。

而且若處在盤整區間時，技術指標的準確性更趨近於零，因此若是完全照著指標進出，光是買賣的手續費就夠驚人了。

即使如此，技術指標對於大趨勢的關鍵轉折點還是有一定的參考性，最

宏達電周線圖

圖片來源：永豐e-leader

上季每股估賺17元
宏達電飆上1200元

資料來源：蘋果日報

大的好處是可以避開股價大波段的下跌。舉例來說，我在二○一一年四月七日《蘋果日報》財經版看到斗大的標題：上季每股估賺十七元，宏達電站上一千二百元。為了紀念宏達電站上千元，我還留有當初的剪報如下：

若是我們以基本面來看，當時報章媒體一致看好宏達電的業績將會大成長，因為宏達電當時繳出了非常漂亮的財務報表，沒有任何理由和跡象看壞它。

不過若以技術面來看，宏達電在二○一一年四月二十九日股價站上最高點一千三百點後，周K棒開始節節下跌。

二○一一年五月二十日週KD和週MACD同步死亡交叉，六月十日時，十週平均線跌破二時週平均線結果股價就呈現大跌小漲走勢，從此之後宏達電再也看不到一千元了。。

section 3

認識K線圖

K線圖是技術分析使用最多的圖像類型，它反應了一段時間內，多方和空方的買賣差距，並以柱狀圖呈現。

K線圖的畫法可分為美國式柱狀和日本式柱狀，美國式柱狀只標註最高價、最低價和收盤價。

而日本式柱狀則是要標註開盤價、收盤價、最高價和最低價，若收盤價比開盤價高，通常以紅色呈現。若收盤價比開盤價低，通常以黑色呈現。

日線、週線、月線的形成

每日股價的江波圖會成為一個紅K或黑K，將每日將波圖集合而成，則形成日線圖，週K線是指以週一的開盤價，週五的收盤價，全周最高價和全周最低價來畫的K線圖。

61

▶ 美國式K線圖

▶ 日本式紅K線圖

▶ 日本式黑K線圖

月K線則以一個月的第一個交易日的開盤價，最後一個交易日的收盤價和全月最高價與全月最低價來畫的K線圖。

▶ 八種常見的K線符號

圖示	說明
	紅K（陽線） 股價之收盤價高於開盤價，通常以紅色表示，市場慣稱「收紅」。
	黑K（陰線） 股價之收盤價低於開盤價，通常以黑色表示，市場慣稱「收黑」。
	帶下影線的紅K或黑K 不論是紅K棒還是黑K棒，如果你在它的下方看到一條細線，這條細線即稱為下影線。下影線愈長，表示買方的力道愈強。
	帶上影線的紅K或黑K 同理，如果你在K棒的上方看到一條細線，這條細線即稱為上影線。上影線愈長，表示賣方的力道愈強。

▶ 八種常見的K線符號

圖示	說明
	無上下影線的紅K或黑K 並不是每一個K棒都一定會有上、下影線，如果碰到沒有上下影線的紅K棒，意味著開盤價即為當天股價之最低價，收盤價為最高價，顯示當天買盤的力道非常強勁；而無上下影線的黑K棒，意即開盤價為當天之最高價，收盤價為最低價，顯示賣壓沈重，當天買進這支股票的投資人全部都賠錢。
	十字線 如果出現十字線，即代表當天之開盤價等於收盤價，通常意味著股價出現變盤的訊號，至於是變好或是變壞，可以從上影線與下影線的長度來判斷多空力道的強弱。
	一字線 如果出現一字線，代表著當天股價從頭到尾都是一個價位，所以沒有上下影線，通常只有在跳空漲停或跌停時，才會出現，因此，也代表著投資人極度看好或看壞這支股票。
	T字線、倒T字線 T字線代表著開盤價不但是收盤價，同時也是當天的最高價，意味著這檔股票雖然在盤中一度下跌，但下跌時買盤強勁，最後將股價推升到最高點；而倒T字線剛好相反，意即股價一度上揚，但上揚時卻碰到沈重的賣壓，最後把股價跌過到起點，因此，後續表現下跌的機率頗高。

圖片來源：永豐e-leader

將每日江波圖畫為紅K或黑K，則形成日線圖

K線圖〔2012.07.02〕
漲跌：0.35
開：11.40
高：11.60
低：11.15
收：11.55

將每7日的漲跌起伏畫為紅K或黑K，則形成週線圖

K線圖〔2011.12.02〕
漲跌：0.77
開：8.41
高：9.13
低：8.36
收：19.12

將每4週的漲跌起伏畫為紅K或黑K，則形成月線圖

K線圖〔2011.12.31〕
漲跌：2.35
開：11.15
高：13.55
低：11.15
收：13.45

2012年8月23日永豐金江波圖

日線、週線、月線的形成

每日股價的江波圖會成為一個紅K或黑K，將每日將波圖集合而成，則形成日線圖，週K線是指以週一的開盤價，週五的收盤價，全週最高價和全週最低價來畫的K線圖。

月K線則以一個月的第一個交易日的開盤價，最後一個交易日的收盤價和全月最高價與全月最低價來畫的K線圖。

技術分析的投資策略

把一段時期內的股票加以平均計算後，可以得知這段期間內買賣股票的人平均成本。

本節略述技術分析的基礎，在後面章節會有更完整的敘述，假如你已經是投資股市的老手，可以直接跳過本節，直接閱讀後面章節。

若你還是股市新手，那麼一定要了解技術面與股票之間的關係。

供需關係

一家公司財報上的淨值是由資產負債表上得來的，但是每天股票漲跌的價格，代表著投資者對這家公司短期內的價值走向，例如一家公司的淨值是九十元，照理來說股價合理價格應該為九十元。

若投資人對這家公司的未來看好，造成買盤不斷進駐，股價便會節節上升，股價有可能漲至一百八十元、二百七十元、三百六十元……。

只要買方的力道持續高過賣方，那麼股價的漲勢就不會中斷。

反之，若賣方的力道高過買方，那麼這家公司即使淨值為九十元，也有可能股價會腰斬再腰斬，這便是技術分析裡最注重的股票「供需關係」。

1998年至2014年台北股市月線圖

圖片來源：永豐e-leader

價量關係是從股票供需關係所衍伸出來的技術分析，在多頭走勢時，多方不斷買進造成成交量持續上升，也推動股價持續上漲。

在空頭走勢中，空方不斷賣出和觀望，使得成交量持續萎縮，也會使得股價欲振乏力，持續往下探底。投資人要學會技術分析的第一課，是要搞懂成交量與股價間的關係。

投資人的心理

從技術面不只可以看出股市目前處於歷史低檔區或歷史高檔區，更可以從中發掘出投資人的心理狀態。

舉例來說，二○○七年五月時，當時我在某家證券商看盤，那時整個營業大廳擠滿了人，甚至還有一位媽媽帶著約十歲左右小孩子來教他如何看盤，看到這畫面令我想到了華爾街傳說中的「擦鞋童理論。」

當時大盤股價節節上升，正來到了近十年的高檔區，投資人的心理也充滿了貪婪，幾乎所有人都認為大盤即將漲破萬點。

但是我從成交量來看，當時每日的成交量都在一千八百億至二千億億之間，甚至有幾天的單日成交量還突破三千億，以技術面來說，這已經是成交

70

2008年至2011年大盤日線圖

4000點以下買進風險極低

2409日線圖

20日和60日死亡交叉,賣出

20日和60日黃金交叉,買進

圖片來源:永豐e-leader

71

量過熱的警訊。果然後來二〇〇七年底美國爆發了金融海嘯，從二〇〇八年五月開始，全球股市面臨大修正，台灣股民的萬點夢終於醒了。

從二〇〇九年的四千點低檔區，一直漲至二〇一〇年的九千點高檔區，從股價的技術面來判斷投資人的心理面，由此得到最好的印證。

到了大約二〇〇九年初，台股就從九千八百五十九點跌至三千九百五十五點，每日成交量非常低迷，很多天都低於四百億，這代表許多投資人不只賠錢和套牢，有更多人因此而離開股市，不想在買賣股票了。

但從技術面來看，這時的股價已經跌至十年來的低檔區，在四千點以下買進是一個風險極低的投資，果然大盤後來出現報復性上漲。

漲跌趨勢

把一段時期內的股票加以平均計算後，可以得知這段期間內買賣股票的人平均成本，再觀察不同時期的平均成本走勢，推斷投資人的投資操作，進而可以得知未來一段時期股價漲跌趨勢。

舉例來說，二十日的移動平均線稱為月線，六十日的移動平均線稱為季線，當月線走勢往上突破季線時稱為

「黃金交叉」。代表股價未來將會有一段漲勢，反之當月線跌破季線時稱為「死亡交叉」，代表股價即將展開一段跌勢。

以上三種是最基本的判斷股價趨勢的方法，但是在操作實務上卻是複雜許多，尤其遇到盤整區間時，技術指標往往今天出現「黃金交叉」，隔天又出現「死亡交叉。」

這時投資人若照著指標買賣的話，往往被多空兩頭巴，而要提高勝率的方法，即是把觀察的週期再拉長。

從月線圖可以輕易看出股價長期的低檔和高檔

高檔區

低檔區

圖片來源：永豐e-lea

73

以K線圖來說，日線圖因為計算天期較短，因此指標經常出現「黃金交叉」或「死亡交叉。」

但是若拉長至周線圖或月線圖，那麼往往在好幾周甚至好幾月內，指標才會出現交叉。這時投資人便可以久久來判斷一次買賣，不只大大降低頻繁交易的成本，更可以大幅提高獲利的機率。

黃金交叉的成功例子

股價在橫向區間出現的「黃金交叉」這個例子，當「黃金交叉」出現後，股價大幅上漲。

圖片來源：大飲日線圖、永豐金e-Leader

黃金交叉的失敗例子

急漲後股價下跌期間出現的「黃金交叉」下跌後首次出現的「黃金交叉」，呈現「黃金交叉」後的股價並未上漲。

圖片來源：福盈科日線圖、永豐金e-Leader

MEMO

Part 3

K線圖技術分析

投資人最主要的就是要活用所學的技術,嚴設停損
停利,自然有機會長期從股市穩定賺到錢。

教你看懂K線圖的基本功

我們從K線圖中，就可以從股票的實務面上，輕易的比較買賣雙方力量的消長。

K線圖就是將各種股票每日、每周、每月的開盤價、收盤價、最高價、最低價等漲跌變化狀況，用圖形方式表現出來。

K線又稱陰陽線、棒線、紅黑線或蠟燭線，起源於日本德川幕府時代的米市交易。

技術分析主要是根據過去的股價資料，不只分析過去的走勢，並藉此來預測未來的趨勢，在股票實務上，學會技術分析就等於讓自己在股海中，有個明確的「股市GPS」。

想學會股市的技術分析，就要先從K線圖開始學起。

當時是用來計算米價每天的漲跌，後來把計算的概念引進股票市場，作為股票價格的分析走勢。股票買的人多就會漲，賣的的人多就會跌。

從K線圖中，就可以比較買賣雙方力量的消長，市場主力的動向以及股市中漲、跌、盤等三種基本行情的變化。

K線圖經過這麼多年的統計、分析、整理後，會呈現著一定的規律性。

即某種圖形可能代表著某種市場行情，在出現了某種圖形組合後，有可能會出現某種新的走勢。

```
        股市大跌時，
      顯示投資人的修養
        /         \
   欠缺休養者     有休養者
       |             |
    悲觀，         樂觀，
  賣在最低點      逢低進場
```

不過K線圖也往往受到多種非經濟因素的影響，所以不要預期它對股價有百分百的準確性。

如何活用K線圖

K線的應用就像觀察氣象一樣，必須具備基本的概念，才能提高預測的準確性，因此一個好的股票投資人，也可以說是一個好的股市氣象家。

在運用K線圖時，一定要加入自己的想法，並且與其他多種技術指標結合起來，再來進行分析和判斷，最後做出買賣的決定。

提高預測K線圖的準確性，投資人平常就要培養以下幾個基本能力：

第一要觀察的是全球的經濟數據，例如目前美元利率、國際油價、台幣匯率的變化，都會間接和直接地影響股價的變化，因此投資人要不定期關心這些經濟數據的變化。

其次，政治情勢也會影響到股票的走勢，例如現在的那個國家的政治發生政黨輪替，通常股價都會有巨幅的波動。最明顯的例子便是二四〇〇年三一九槍擊事件，造成台股的重挫，另外，如戰爭和政治的影響也是必須納入考量。

K線圖技術分析

▶ 複習K線圖

圖　　形	最高 　收盤價 　開盤價 最低	最高 　開盤價 　收盤價 最低	最高 　收 最低
名　　稱	陽線	陰線	十字線
表示法	以紅色實體柱表示	以黑色（本書示意顏色）實體柱表示	以十字線表示
股價強弱	股價強勢	股價弱勢	股價強弱不明
收盤價與開盤價狀況	收盤價高於開盤價	收盤價低於開盤價	收盤價等於開盤價
無上影線情形	最高價等於收盤價時，無上影線。	最高價等於開盤價時，無上影線。	最高價等於開盤價時，無上影線。
無下影線情形	最低價等於開盤價時，無下影線	最低價等於收盤價時，無下影線	最低價等於開盤價時，無下影線

81

企業的基本面是影響一家公司股票的長期趨勢，所以若是投資個股的投資人，應該注意的是這家公司的資本額、發行股數、增資額度、企業的合併等情形，把自己當成企業的經理人來看待，自然可以掌握住這家公司股價的波動。

最後投資人要懂得，就是股市目前人氣如何，假設國外股市行情走勢走空，那麼連動到國內的行情自然不會太好。而大盤成交量的多寡、融資餘額的增減度，也都可以判斷目前K線是處於高低檔。

82

section
2

使用移動平均線的設定方法

移動平均線是利用統計學上moving average 方式計算而得來。

移動平均線是利用統計學上 moving average 的方式計算而得來。

得的數字點於Y軸上對應畫圖，即可畫出五日平均線。

最常見的有五日、十日、二十日（月線）、六十日（季線）、一四四（半年線）、二八八日（年線）。

同理，可畫出十日均線等，觀察其圖形可發現，平均線可反映股價之或上升或下降趨勢，且平均日數愈少，趨勢反映愈靈敏。

以日期為橫軸，五日股價平均所求

常用的移動平均線

對於平均線的設定，每個人有不同的設定方式，例如有人習慣設季線為七十二日，也有人設為六十日，我自己的移動平均線有時還會設為五十五日。

平均線的設定其實是給自己參考的指南，關鍵在於股價突破或跌破平均線時，投資人是否按照既定的紀律執行。

▶ 以5日線為例，計算方式為

日期	1/1	1/2	1/3	1/4	1/5
當日收盤價	10	11	12	11	13
5日股價平均	1/1日至1/5日的股價平均線為 （10+11+12+11+13）÷5＝11.4				

跌破均線要懂得停損，漲過均線要勇敢買進

跌破停損

漲過買進

圖片來源：永豐e-le

葛蘭碧八大法則

葛蘭碧法則是目前最普遍的技術分析方法，把藝術科學化。

葛蘭碧八大法則的運作，是利用價格與其移動平均線的關係作為買進與賣出訊號的依據，它認為價格的波動雖然具有某種規律性，但移動平均則代表著趨勢的方向性。

當價格波動偏離趨勢時，未來走勢將會朝趨勢方向修正，所以發生偏離時，就會產生一個賣訊號，若趨勢在加速發生時，亦可預期未來乖離將會擴大，因此乖離也可作為一個觀察指標，移動平均線是較長期價格發展線。

因此相較於價格線而言，移動平均線具有一種趨勢的概念，且平均的日期越大，所代表的時間刻度就越大，當趨

86

勢發生改變時，長天期的趨勢線還沒有感受到時，價格將會先反應。

在這個時候，價格線將與移動平均線發生交叉現象，代表著趨勢改變的意義，因此價格與均線的關係亦也是觀察的指標。

葛蘭碧八大法則是以價格和均線的關係，作為買進與賣出股票的依據。我以二十日均線為例，把葛蘭碧八大法則歸納為以下幾點：

▶ 葛蘭碧8大法則

買點：

❶ 股價往上突破20日均線，並且20日均線開始翻揚。

❷ 股價暫持跌破20日均線，20日均線持續上升。

❸ 股價沒有跌破20日均線，20日均線持續上升。

❹ 股價開始從谷底接近20日均線，20日均線持續上升。

賣點：

❺ 股價跌破20日均線，20日均線開始下降。

❻ 股價長期處於20日均線下方，反彈至20日均線附近。

❼ 股價無法突破20日均線，20日均線持續下降。

❽ 股價已經大漲一段，即將回測20日均線。

▶ 葛蘭碧8大法則

5 賣出，股價跌破20日線，20日線持續下降。

6 賣出，股價長期處於20日線下方，20日線持續下降。

7 賣出，股價無法突破20日線。

8 賣出，股價股價大漲一段後，雖20日線持續上升，但宜賣出觀望。

▶ 葛蘭碧8大法則

1 買進，因股價往上突破20日線，月線持續上升。

20日線

股價

2 買進，雖股價跌破20日線，但20日線持續上升。

股價

20日線

3 買進，股價回測20日線，20日線持續上升。

股價

20日線

4 買進，股價持續接近20日線，20日線持續上升。

20日線

股價

懂6種量價關係，就夠了！

股票價格漲跌通常是根據投資人的買賣力道強弱而產生變化的結果。

你一定經常聽到「股市目前量能不足，因此盤整了這麼久，若要上漲，那麼成交量應該持續放大才行。」

或是有分析師說：「目前量價背離了，小心股價會開始回檔修正。」你一定很想知道：「到底量價的關係是甚麼？」

俗話說：「新手看價，老手看量。」意思就是投資老手通常是以成交量來配合輔助觀察股市行情，成交量與股價趨勢的關係大致會有以下九種狀況：

第一、股票價格隨成交量的遞增而上漲，為市場行情的正常情況，此種量

90

量價搭配得宜，股價持續上漲

價漲量增

股價上漲，量沒跟上來

價漲量縮，俗稱量價背離

圖片來源：永豐金e-Leader

增價漲的關係，表示股價將繼續上升。

第二、在一個波段的漲勢中，股價隨著遞增的成交量而上漲；價格經過回檔後再繼續上升，突破前一段的高點另創高峰，但是此波段的成交量水準卻低於前一個波段的成交量，表示此波段價格漲勢動能不足，趨勢可能即將反轉。

第三、股價隨著成交量的遞減而下跌，中途價格雖有反彈，但成交量依然不見增加，繼續萎縮，這代表弱勢反彈，股價將繼續下跌。

第四、有時股價隨著緩慢遞增的成交量，而逐漸上漲；走勢突然呈垂直上升的噴出行情，成交量急遽增加，量價暴漲；緊隨著成交量卻又大幅萎縮，同時股價急速下跌；這種現象表示漲勢已到末期，顯示多頭趨勢即將結束。

第五、在一波段的長期下跌形成谷底後，股價回升，成交量卻沒有隨股價上漲而遞增，股價上漲乏力，然後再度跌落先前谷底附近，當第二谷底的成交量低於第一谷底時，則是股價將要上漲的訊號。

第六、股價往下跌落一段相當長的時間，然後出現恐慌性的賣出，此時隨著日益擴大的成交量，股價大幅下跌，繼恐慌賣出之後，預期股價可能上漲，

買賣遲遲無法成交，價格就會越來越低

價跌量增代表多殺多行情

圖片來源：永豐金e-Leader

同時恐慌賣出所創的低價，將不會在極後，往往是空頭市場的結束。

短時間內跌破，隨著恐慌性大量賣出之後，往往是空頭市場的結束。

第七、當市場行情持續上漲數月之久，出現急遽增加成交量，而股價卻上漲乏力，在高檔盤旋，無法再向上大幅上漲，顯示股價在高檔大幅震盪，賣壓沈重，此為形成股價下跌的預兆。

第八、股價持續下跌之後，在低檔出現大成交量，股價卻沒有進一步下跌，價格僅出現小幅震盪，此表示有人開始買進股票，也是空頭即將結束，開始另一段上漲的波段。

第九、股價經一段時間的上漲或下跌，價格和成交量都維持一定的數值，這時代表觀望氣氛濃厚，指數未來仍以原來趨勢發展居多。

股票是一種商品，買賣的人多了，自然成交量就高，而當沒人要買賣股票時，自然成交量就低，而股價有高有低，長期統計下來，量與價共有九種關係。

掌握六種關鍵的價量關係

但是量幾乎不可能每天相同，所以我把這九種量價關係，去掉三種，保留

▶ 掌握量與價的6種關係

> 1. 價漲量增
>
> 2. 價漲量縮
>
> 3. 價穩量增
>
> 4. 價穩量縮
>
> 5. 價跌量增
>
> 6. 價跌量縮

❼ 量增 價漲	1. 價漲量增是良好的價量配合關係，通常是代表多頭的訊號出現。 2. 在多頭行情之中，成交量亦隨之適當增加時可以視為「換手量」，有利於多頭市場的持續。 3. 不論是型態或趨勢線，有效的向上突破，必須要成交量增加的配合才是。 4. 在空頭走勢中出現價漲量增的K線時，極有可能是止跌訊號，但仍須確認。 5. 在多頭行情的末升段中，價漲量增有時會是高點已至的訊號。尤其是成交量異常放大而且後繼無力之時。
❽ 量增 價跌	1. 是價量背離的訊號，後市以偏空為主，但仍待確認。 2. 跌勢末期，量增代表低檔買盤進入轉趨積極，距離指數低檔應不遠。 3. 在漲勢初期或低檔盤整階段，可能是多頭力道正在醞釀，若配合期指未平倉量的增加，未來行情上漲機會甚大。 4. 在漲勢末期則為多頭獲利了結心態濃厚，未來反轉下跌可能性大增。 5. 若盤勢處於跌勢初期則未來盤勢會持續下跌。
❾ 量增 價平	1. 多為持續原來行情的走勢，但仍須確認。 2. 處於末跌段或初升段時，應是多頭力道仍在持續醞釀，未來上漲機會很大。 3. 多頭走勢或空頭走勢的整理期間，則為多頭或空頭力道重新醞釀的時機，在未來盤勢朝原來趨勢發生突破時，原來的趨勢將持續發展。 4. 若指數處於末升段，極有可能是多頭力道逐漸衰退的跡象。

▶ 9種價量關係表

❶ **量縮** **價漲**	1. 屬價量背離現象，未來走勢一般以偏空因應。 2. 處於初升段或盤整階段時，應採取觀望態度。 3. 若為漲停鎖死，則後勢仍以續漲視之。 4. 處於末升段時，因為多頭追漲意願不高，指數反轉而下機率大增。
❷ **量縮** **價跌**	1. 若處於初跌段或主跌段時，代表多方接手意願不高，仍為賣出訊號。 2. 若為末跌段時，則為空頭力量衰竭，應注意買進時機。 3. 若在上漲趨勢中，通常代表持股者惜售，未來應可續漲。
❸ **量縮** **價平**	1. 亦屬於背離現象，但不確定性較強。 2. 若處於末升段則代表離高點不遠，應注意賣出時機。3.若處於盤整階段，則對於盤勢較無影響力。
❹ **量平** **價漲**	1. 若處於多頭走勢中，則有可能是處於換手過程中。若後續成交量無法擴大，則應密切留意賣出訊號。 2. 在空頭趨勢中極可能是短暫技術的反彈，後市仍然偏空。 3. 若處於整理階段，則較無特殊意義。
❺ **量平** **價跌**	1. 若處於多頭走勢中，則有可能是處於換手過程。若後續成交量無法擴大，則應密切留意賣出訊號。 2. 在空頭趨勢中，則是空頭力道仍在持續，後市仍然偏空。 3. 若處於整理階段，則較無特殊意義。
❻ **量平** **價平**	價平量平，顯示觀望氣氛濃厚，指數未來仍以原來趨勢發展居多。

六種量價關係，我認為只要你弄懂這六種量價關係，就可以預先掌握住，股票未來的脈動。

因此，若要掌握股價的走勢與變化，除了看懂技術分析的K線圖與其他技術指標之外，仍需觀察成交量的變化。

在量價關係中，最重要的是「量」與「價」能夠配合得宜，股價在高檔或低檔時，成交量大或小的解讀都不相同。

成交量算是投資人買賣撮合的過程，成交量的高低，代表多空對於後市行情的看法，最終多空做出買賣的決定，也影響了未來的股市趨勢。

98

section 5

股票市場的多變量價關係

成交量代表一群人的金錢交易，每個人都想從這些交易中賺到大筆的金錢。

投資股票概略來說，就是一群人賣給另一群人，因此若想買的人多，股票供不應求，自然股價節節上升，反之，若是想賣的人多，股票供過於求，那麼股價自然快速下跌。

量後，才是真正的上漲，因此可觀察這檔股票一旦量縮，股價是否開始回跌。

當一檔股票上漲時，搭配量滾量，股價頭也不回的往上升，但是一旦高檔量縮，代表該買進的人都買了。

當三重底已經成型，底部也有量出，但是還是有可能回測低點，再次出

接下來這些人要等著賣出，因此就

造成想賣的人多過於想買的人，就變成價格便越來越低了。

看了這麼多的量價關係，不知你是否已經搞不清楚了？任何的技術分析都不是百分百準確，若是這麼容易，每個人都可以從股票市場賺到錢。

因此投資人最主要的就是要活用所學的技術，嚴設停損停利，自然有機會長期從股市穩定賺到錢。

觀察量與價的關係，是投資人非常重要的功課，在所有的技術指標當中，唯有量所呈現出來的指標是最直接的。

因為成交量代表一群人的金錢交易，每

個人都想從這交易中賺到錢，所以只要長期觀察量能的狀況，對於行情的掌握會有一定的幫助。

底部爆量，必有大行情

在股市裡有句格言：「底部爆天量，必有新天價。」若一檔股票長期在底部盤整，成交量也極低，代表這檔股票的籌碼極為安定。

假設有一天這檔股票的成交量，超過之前平均量的十倍左右，那麼代表這檔股票不是有基本面的重大利多，就是有主力作手準備炒作這檔股票。這樣的股票，建議可以在量少的時候，開始慢

圖片來源:永豐金e-Leader

慢買進，等到爆量時，一次把所有資金買到滿，接著就是抱牢持股，等待飆漲的熱帶氣旋上漲，即可享受到買到飆股的樂趣。

買到這樣股票雖然機會很小，但也不是就完全沒有機會，重點就是要把做股票的週期拉長。

左頁舉出的兩檔股票——欣高和嘉澤為例，這兩檔股票分別以月線和周線做觀察，都是在長期底部爆天量，之後都至少有三倍漲幅的大行情。

因此，做股票一定要用「長線保護短線」的觀念，以爆量來說，短線看來

可能會覺得漲太多，但若把眼光放遠，則將是一個大行情的啟動。

出貨量

假如一檔股票已經上漲一段，而在高檔區爆出天量，那麼99%的機率，這檔股票即將大跌。

因此我特別舉出了三檔股票為例，提醒大家若遇到頭部爆量，趕緊出場為妙，千萬不要留戀。

在股票高檔時，新聞媒體都會是這檔股票利多消息，公司財報的獲利表現，一定也是在巔峰期。

圖片來源：永豐金e-Leader

逃命量出現，少賠就是賺

高檔長黑k，
搭配逃命量

股價上升，買盤沒增加，代表主力在出貨

陰包陽K線出現，搭配
出貨量，股價易大跌

圖片來源：永豐金e-Leader

104

即使如此，投資人還是要捨得賣出股票，因為當一檔股票的表現到達頂峰，接下來便是走下坡的開始。

逃命量

正微微往下跌時，突然出現大量，之後股價開始加速下跌，最後造成崩盤。

以右上圖金州為例，在三十二至三十四元間出現明顯長黑K，配合成交量也創新高。因此很明顯是主力的逃命量，股價後來也直接崩跌至二十二元，投資人若捨不得在逃命量出現時賣股票，那麼將造成更大的損失。

逃命量與出貨量有異曲同工之妙，差別即在於出貨量出現時，股價或許還有高點可期，但是逃命量卻是股價已經

section 6

股票線圖的W底和M頭

確認W底或M頭的K線圖，我們可以周線圖和月線圖共同來分析，增加準確度。

股價在經過一段時間下跌、盤整後，K線圖會自然呈現底部的型態。

而最常見的底部型態即是W底，通常當W底成型，代表股票終於要脫離底部，進入一段上漲的行情。

W底

但是確認W底成形的K線圖，最好是以周線圖和月線圖來分析，因為日線圖常因為短期利多利空的影響，造成雖然這週看圖形是W底，但是下周看圖時，因為一個大利空造成崩盤，W底反而成為M頭。

106

W底可分為左低右高的W底和左高右低的W底，最好的買進時機是當左低右高的W底成形時。

因為這代表之前左低W底買進的投資人，已經開始解套獲利，因此自然股價越往上漲，籌碼的穩定度越高。相反，若是左高右低的W底成形時，那麼代表之前買進的投資人處於套牢中。

若是股價上漲，反而容易出現解套賣壓，形成做底不成反成頭的後市走勢，因此建議左高右低的W底成形，先不要做買進的動作，暫時維持觀望的等待即可。

▶ M頭與W底

型態	形狀	構成	漲跌幅
M頭	M形	由兩個價格頭頂構成	由頸線扣除與頭部至頸線等幅的垂直距離
W底	W形	由兩個價格谷底構成	由頸線加上頭部至頸線的等幅垂直距離

M 底

雙重頂即為M頭，而雙重底即為W底，這是因為其形狀的關係，雙重頂的二個波峰的高度相近，發生時間間隔數週至數月。當價格跌破頸線時，則顯示將發生一波下跌走勢。

M頭型態有兩個高峰（頭部），大約落在相同的價位，當收盤價跌破兩個高峰所夾的谷底（頸線），M頭型態即告完成。通常第二個頭部的成交量較小，但在暫時回升的突破過程中，成交量應該放大。

M頭型態完成後，價格往往會反彈

至頸線的下緣。M頭的最低目標跌幅，是由頸線扣除與頭部至頸線等幅的垂直距離。

雙重底（W底）性質則與雙重頂類似，但上下相反而已，雙重底的二個谷底是市場對價格底限的測試。經過二次測試，不破顯示測試成功，代表市場認為的低點。但測試成功不代表價格便會反轉，價格須在頸線帶量突破，趨勢的反轉型態才確立。

頸線

在K線圖裡，當底部形態確立的情形有W底型態，突破W底會回測W底的

以上圖片來源：永豐金e-Leader

三個最高點，這條連線就叫作頸線，當M頭形成後，當股價跌破三個最低點，這條連線也就是高檔的頸線。

一般股價突破頸線，都會回測頸線的支撐或壓力，獲得支撐，會往上再漲一大段，而高檔跌破頸線則會向上回測頸線壓力，如果回測失敗，通常都會跌得很重。

頸線可說是一個重要的生命線，因為當高檔跌下時，投資人通常會捨不得賣掉，因此一不小心，總是讓自己的資金套牢，因此頸線就可當成一個最後的出場機會，空頭來臨時少賠就是賺。

當股價從低檔上漲時，由於之前的股價跌跌不休，讓投資人跌怕了，遲遲不敢買進，因此若股價正式站上頸線，可當成一個確認買進訊號，要讓自己勇敢的買進股票。

「頸線」的名字取得非常好，當股價跌破頸線，若要停損賣股，絕大數的投資人不會這麼做，因為這就像脖子被砍了一樣，但是這也是散戶朋友們最大的弱點。

在關鍵時刻，往往克服不了自己心理的關卡，因此建議還是跟著技術線圖做，捨不賣就閉著眼鏡賣，股票下跌時，唯有保持現金才是王道。

110

K線圖技術分析

跌破頸線，要捨得賣出

頭

左肩

右肩

圖片來源：永豐金e-Le

111

了解何謂頭肩型態

要形成頭肩型態必須包含以下四個要素，
一、左肩、二、頂（底）、三、右肩、四、頸線。

這種型態通常出現在行情的高峰與行情的底部，是一種常見的反轉型態，一般分為頭肩底與頭肩頂兩種。

無論是頭肩頂或是頭肩底，在左肩和右肩可連結一條線，我們稱為頸線。

這條頸線代表的是一個重要的趨勢

頭肩型態可說是一種複合型的 M 頭或 W 底，也是一種最常見的反轉型態。

頭肩型態可分為頭肩頂及頭肩底，前者是發生在行情的高檔時期，若頭肩頂完成時，代表的是即將有一段空頭走勢將產生。反之，若是頭肩底型態成型，也代表將有一段空頭走勢產生。

線，在上升趨勢中，一旦價格跌破頸線，或在下降趨勢中，價格突破頸線，則為趨勢反轉訊號。

頭肩頂（底）在技術分析上，是一個十分明顯且可信賴的技術指標，尤其在底部判斷時，可用頭肩的型態與成交量來判斷。

一旦右肩的成交量將明顯小於左肩，並且價格穿越頸線，那麼將有一段波段漲幅。反之，當頭肩頂形成時，當跌破頸線後，股價將會越跌越快（如下頁圖），建議投資人可把頸線當成

頸線

左肩

左肩

底部

三重頂和三重底

最後的停損點，再怎麼捨不得，跌破頸線也要賣出。

若頭肩型態的頭部跟左右兩邊的肩同高的話，那麼就形成了三重型態，若是在股價高檔區形成，通稱為三重頂，而在底部形成，稱為三重底。會形成三重型態的原因，通常都是在一段時間內，多方和空方的力量差不多。

也就是說，三重型態這段期間並沒有一定的趨勢可判斷，而唯有股價突破頸線時，這時的多

頭肩型態是長期累積的K線型態，非常具有參考價值

頭肩頂形成，右肩比左肩低，股價破底

底部完成後，
量不表態，反或頭部

三重底形成，
大漲5倍！

以上圖片來源：永豐金e-Leader

空趨勢才漸漸明朗。頭肩型態的判斷準度以週線和月線為最高，通常週線和月線高檔頭肩型態完成後，股價即將進入一段長期的修正。

等待一檔股票解套的時間其實是很可惜的，因當一檔股票高檔頭肩型態完成時，一定會有其他的股票底部剛完成。

若投資人捨不得賣出，就容易被套在高點，而要等到下一次底部頭肩型態完成時，才有可能解套。

因此投資人只要進行換股的動作，即使是這檔股票在高檔停損出場，但是卻有機會從別檔股票從低檔賺回來。

完成時，才有可能解套。

投資小叮嚀

頸線可當作加碼和停損點。

2種急速反轉型態

投資人遇到急速反轉型態時，一定要趕緊調整心情和持股，才不會被原有的趨勢綁住。

股市裡有句話說：「股市趨勢很難逆轉，一旦逆轉，就很難再逆轉。」

本節所要介紹給讀者的兩種急速反轉型態，便是一種快速逆轉原有趨勢的型態。投資人遇到這種情形時，一定要趕緊調整心情和持股，才不會被原有的趨勢綁住，造成嚴重的誤判。

V型反轉

V型反轉的型態，本來就是已經是一種非常難成型的型態，因為這代表股價本來是延著下降趨勢線往下跌，但在一段時間內，很快從最低點向上以約四十五度或六十度的斜角急漲。

可怕的V型反轉

博弈熱過後，
股價崩盤

島狀反轉代表的有一股強大的買盤或賣盤，
把之前的跳空缺口用同樣的力量逆轉

島狀反轉

圖片來源：永豐金e-Leader

119

K線走勢成為一種V字型，因此統稱為「V型反轉」。

態的一種，只是不同的是，島狀反轉的最高點和最低點的K線的兩邊都有對稱的跳空缺口。

就像一個「倒V字」的型態。

從最高點急速往下跌，K線型態看起來最高點或最低點形成一種類似小島。

若把兩邊的缺口看成是大海，那麼

本來是順著上升趨勢線往上漲，但是卻

V型反轉也可用在頭部區，若股價

V型反轉可遇不可求，投資人遇到時要莉克馬上應變，絕不可留戀之前的趨勢，不管之前做多還是放空，都是要反手操作。

島狀反轉一旦形成，將會有一個波段行情，尤其島狀反轉出現在頭部時，投資人更是要趕緊賣出，稍一遲疑將會被慘套於股海中。

島狀反轉

島狀反轉其實算是屬於V型反轉型

所以投資人看到島狀反轉訊號時，就該注意此訊號所發出的警告，也要留意後續發展情況。

section

9

股票市場的多變量價關係

跟 V 型反轉和島狀反轉不同的是，圓形型態是屬於較為緩慢的反轉型態。

圓形型態形成的原因剛好跟 V 型或島狀型態相反，這是一種非常緩慢的反轉型態，但是一旦確定形成，那麼之後將會有越來越快的爆發性行情。

圓形型態可分為圓形頂和圓形底，不過圓形的頭部較為少見，主要原因是股價在高檔區因為成交量大，因此價格

波動也較大，在頭部的圓形頂比較少見。

但是若一旦圓形底形成，那麼代表有非常多的人，在非常長的時間內，套在同一區間，之後的行情有可能形成大空頭，投資人要特別留意。

K線圖技術分析

若在股價低檔區形成圓形底，那麼代表即將有大漲的機會，這時投資人要密切觀察成交量。

跟V型反轉和島狀反轉不同的是，圓形型態是屬於較為緩慢的反轉型態，而且圓形型態大多出現在大盤低檔區。

通常成交量會在圓形底的最低點萎縮至最少，隨價格上漲，成交量也同步放大，圓形底的右弧形上漲，也將會形成越來越快的上漲走勢。

因此大盤的K線圖若確定為圓形型態，投資人要非常有耐心的持有股票，靜待股票的回升。

圖片來源：永豐金e-Lead

section 10

各種不同的反轉型態

我們可以知道，三角型態具有「整理」的意涵，所以通常都將持續原有趨勢。

三角型態是最常見的價格形態，但也是一個不可靠的形態，因為發生三角型態後，它可能成為反轉型態，但也可以是連續型態。

不過三角型態仍是一個重要的 K 線型態，三角型態具有「整理」的意涵，所以通常都將持續原有的趨勢，三角型態大致可分為等腰三角、上升三角與下降三角，這三種不同的型態。

等腰三角

等腰三角是其中較富變化的型態，開始時價格波動較大，但是價格波峰的高度逐漸下降。

124

同時價格谷底也不斷的墊高，形成二條收斂的趨勢線情況，價格往未來的方向收斂，所形成的形狀便如等腰三角。

上升和下降三角

上升三角形的上限為水平狀，下限向上傾斜，屬多頭型態。下降三角形的下限為水平狀，上限向下傾斜，則屬空頭型態。

擴張排列有擴張頂與擴張底，擴張頂通常發生在主要趨勢的頭部，三個峰位持續墊高，但兩個折返點持續下滑。

▶ 各種三角形型態

三角型態	形成條件	多空趨勢	未來趨勢
等腰三角形	波峰的高度下降，同時谷底也不斷墊高，形成二條收斂的趨勢線	盤整區	多空不明
上升三角形	上限為水平狀，下限向上傾斜	多頭	維持多頭
下降三角形	下限為水平狀，上限向下傾斜	空頭	維持空頭

當價格向下突破第二折返低點，型態即告完成。因此三角形中連接峰位與谷底的趨勢線是相互收斂的，而擴張排列則是相互發散。

當股價下跌一陣，碰觸到某一價位時，就停止下跌，這價位便有所「支撐」。反之，當股價上漲一段，碰觸到某一價位時，卻停止了上漲，這個價位就會有所「壓力」了。

形成支撐與壓力，通常是因為在某價位有很多人在買賣，當股價下跌到該處，因為已到了當初願意買進的便宜價格，所以，當投資人有意願再次買進，便形成了支撐效果。

1.當股價下跌到該處，因為已到了當初願意買進價格，所以便形成了支撐效果。

2.當股價上漲到某價位，會有一批人選擇賣出而解套，因此股價便形成了壓力。

3. 支撐或壓力呈現在K線圖上是一個區間狀況，而不只是特定的點位。

126

等腰三角

上升三角

下降三角

而當股價上漲到某價位，由於投資人已從虧錢狀況回到成本，會有一批人選擇賣出而解套，因此股價便形成壓力。

因此投資人可以觀察當股價上漲至某些區域時，股票向上漲的走勢經常發生折返時，那麼顯示該區域有許多人正在賣股票。

此區域即為壓力區，尤其是當價格遇到該區域而發生折返的次數越多時，則這個壓力區將越有效。

支撐或壓力的另一項重要的問題是其力道如何，判定力道強度的方式，可以從成交量來判定。

由該價格區的成交量情況，來判定支撐壓力的力道支撐或壓力形成的原因是需求或供給的集中區，而這種集中現

若將起漲日的低點與不斷創新高的某天的低點相連，這一條一直延伸的直線即為支撐線，而若將起跌日的高點，與不斷創新低的某天的高點相連，且這一條一直延伸的直線即為壓力線。

技術分析最重要的基本原理便是順著趨勢操作，當價格下跌到某些區域時，便發生反彈，則顯示這個區域具有相當的潛在買盤，因而形成一個支撐區。

三角型態的完成通常較為複雜，
投資人要仔細繪圖並判斷

以上圖片來源：永豐金e-Leader

129

象則表現在成交量的大小。所以當一個現，將能夠對股價的高低檔更能夠掌底部發生是伴隨著大成交量時，則隨後握。該處所構成的壓力將會較大。

支撐或壓力呈現在K線圖上是一個區間狀況，而不只是特定的點位。

支撐和壓力可搭配每日的K線圖來判斷，若在上漲過程中，不斷留下長上引線，代表上漲的賣壓重重，若是沒有更大的利多支持，股價很容易回跌。

因此若在繪製支撐或壓力線時，建議以一個支撐區域，或壓力區域來表

支撐線跌破時，投資人一定要捨得停損

以上圖片來源：永豐金e-Leader

支撐和壓力要搭配缺口和K線型態來判斷

圖形分析的基本技巧——趨勢線

在技術分析的領域，順著趨勢線去操作，就能讓自己隨時保持獲利的狀態。

把一段時間連續的支撐點和壓力點，連接起來，就會很明顯的各發現一條上升趨勢線或下降趨勢線。投資人可根據這條線，做出停損或停利的動作。

基本上，股價延著上升趨勢線往上漲，一旦跌破上升趨勢線，投資人便要捨得停損，相對的，股價延著下降趨勢線往下跌，一旦突破下降趨勢線，投資人便要開始勇敢進場佈局。

以我的投資經驗，股價下跌的速度總是又快又狠，而上漲的速度，通常是又緩又磨人，因此以這特性來延伸操作，當股價跌破上升趨勢線時，建議投資人一次全部出清，不要留戀。

133

當股價突破下降趨勢線的當時，投資人反而要分批進場，不用急著一次把資金全部買足。

盤整趨勢

當股價在一段期間內，在一定的價位區間浮動，例如股價在三個月內，股價一直在五十至五十五元之間，股價遇到五十五元便下跌，碰到五十元又開始上漲，那麼這樣便能把這狀況稱為「盤整趨勢。」

把盤整趨勢的最高點相連，並且也把最低點相連，圖型看起來就像鐵路的軌道一樣平行，盤整趨勢代表買賣股票

的投資人都算理性。多頭的投資人不追高，股價拉回就買，空頭的投機客也不殺低，股價逢高才放空，因此建議投資人遇到盤整趨勢時，盡量以觀望為宜，不宜進場操作。

盤整的型態產生時，代表多頭和空頭短期內都無法勝出，也有可能代表多頭和空頭都在觀望。

投資人可搭配量能來多做分析，只要短期成交量大增，再觀察均線是往上還是往下，那麼就可以判斷出這一波盤整過後，是往上漲或是往下跌。

134

圖片來源：永豐金e-Leader

看懂四種缺口型態

形成缺口的原因有很多，有些是市場環境因素，有些則與市場的供需強弱度有關。

缺口型態代表的是Ｋ線中沒有交易的價格區間，而形成缺口的原因有很多，有些是市場環境因素，有些則與市場的供需強弱度有關。

顯示趨勢的持續性，而竭盡缺口則代表了趨勢的停頓或結束。

一般而言，可將缺口分為突破缺口、逃命缺口及竭盡缺口，就趨勢而言，突破缺口為走勢的起點，逃命缺口顯示趨勢的持續性，而竭盡缺口則代表了趨勢的停頓或結束。

突破缺口

突破缺口通常發生在一段價格整理區之後，當價格在交易密集區完成整理，並發生突破時，常以缺口型態顯

136

現出來，突破缺口具有十分重要的價格訊號。若這突破伴隨著大量，則可以確認這個突破是個有效的破突，為強烈買進訊號。突破缺口不會在短時間內被填補。

逃命缺口

逃命缺口主要發生在價格趨勢出現筆直的走勢情況，即快速的漲勢或跌勢之中出現。

趨勢初期發動後，將呈現加速發展現象，並且伴隨著大的成交量，在這個過程中，投資人激情的買賣常會發生較大的逃逸缺口。

也代表著巨量換手成功，確保了主升段的持續走勢，所以就整個趨勢的長度來看，逃逸缺口透露出市場對後勢的看法，認為還會持續既有的趨勢，並且幅度會相當，如此才足以吸引一批換手量產生。

連續缺口

連續缺口主要發生在股票籌碼換手成功後，開始出現同一趨勢的上漲或下跌缺口。投資人面對連續缺口時，要仔細盯著成交量，在上漲或下跌過程中，若產生連續缺口，但是成交量卻越來越低，那麼便是買賣雙方都降低買賣的意願，這代表即將出現竭盡缺口。

竭盡缺口

竭盡缺口代表一個走勢的末端，趨勢力道衰竭的象徵，跳空缺口是市場力道的展現。

然而，在缺口發生後如果無後繼之力，走勢為之停頓時，則顯示這個缺口是市場的最後一道力量，之後市場已無動能再維持原有的趨勢了。

因此最後成為市場動能全部耗盡的缺口，所顯

▶ 4個缺口的狀況

突破缺口	通常發生在一段價格整理區之後，當價格在交易密集區完成整理，並發生突破時。
逃逸缺口	市場對後勢的看法，認為還會持續既有的趨勢，並且幅度會相當。
連續缺口	股票籌碼換手成功後，開始出現同一趨勢的上漲或下跌缺口。
竭盡缺口	市場動能全部耗盡的缺口，趨勢反轉的可能性大增。

典型的4種缺口型態

竭盡缺口

連續缺口

中繼缺口

突破缺口

突破缺口

中繼缺口

竭盡缺口

連續缺口

以上圖片來源：永豐金e-Leader

139

示出來的意涵便暗示了市場的力道，已經可能出現竭盡態勢，趨勢反轉的可能性則大為增加。

表短線趨勢是快速急漲或急跌，投資人唯有立即跟著趨勢操作才是正途。

有些財經專家會說：「缺口一定會回來回補。」對此說法，我建議投資人都是聽聽就好，畢竟缺口產生時，都代

但是若短線缺口馬上被回補封閉，那麼這缺口就可暫時沒有參考價值，基本上一個缺口若三天內沒有被回補，就可算是有效缺口。

140

逃命缺口出現，投資人不管有無賺錢都要賣出持股

以上圖片來源：永豐金e-Leader

典型的4種缺口型態

連續缺口出現，忍住不追！

連續缺口出現，忍住不追！

以上圖片來源：永豐金e-Leader

142

週線和月線的力量

在技術分析的領域，順著趨勢線去操作，就能讓自己隨時保持獲利的狀態。

投資股票最煩惱的一點，便是要決定現在該買還是該賣，投資人若不想到處聽名牌，想自己研究判斷，最好就是從最長期的趨勢變化開始研究，進而再來決定短期內該買進股票還是該賣。

圖，則可分為日線、週線、月線三種不同的線圖，分別代表三種不同的意義，適合短、中、長線的投資人來參考。

一般來說，月線指標的長期準確度是遠大於週線和日線的，若投資人沒有時間看盤，可用月線決定買賣的基準，再用周線和日線當成買賣的絕對價位。

從長期趨勢研究，再決定該買還是該賣。若是以時間長短來區分股票線

143

投資要以週線和月線型態來判斷較為穩健

週線的型態
極具參考性

週線上漲，多頭確立

以上圖片來源：永豐金e-Leader

▶ 日、週、月線比較表

K線	日線圖	週線圖	月線圖
意義	代表一天的 股價變化	代表 一週的 股價變化	代表 一個月內 的股價變化
適合的 投資人	短線 投資人	中線投資人	長線投資人
優點	可取得5～10 日之買賣點	可看出2～3個月 的買賣時機	可找出2-3年的 買賣時機
缺點	利潤 少風險高	不易 取得短線利潤	不易 取得短線利潤

看懂艾略特波浪理論

不管是股票還是商品價格的波動，都與大自然的潮汐波浪一樣，一浪跟著一波，週而復始。

波浪理論是由一位技術分析大師所發明的，因他的名字為艾略特，因此有時也會稱為「艾略特波浪理論」。波浪理論是一套靠著觀察股價波動的走勢而來的。

性，這規律性就像海水的潮汐波浪一樣規律，因此投資人若能把握住這樣的規律，自然可以順勢買進賣出，從中獲取鉅額的價差。

在上漲趨勢中，艾略特發現會有一種三波上升、二波下降的基本節奏，而

艾略特發現，在一個完整的多頭和空頭市場中，股價漲跌會有一定的規律在下跌趨勢中，則可分為 a、b、c

三波。波浪理論實際運用是主觀性，如短線有上升波，但拉到中長線來看卻是下跌波，實際運用時，要嚴設停損停利點。

▶ 波浪理論的計算方式

(1) 第2浪＝第1浪×0.382 or 0.5 or 0.618

(2) 第3浪＝第1浪×1.382 or 1.618 or 2 or 2.5

(3) 第5浪＝第1浪

....

(1) A浪＝整個上升波×0.236 or 0.382 or 0.5

(2) B浪＝A浪×0.5 or 0.618

(3) C浪＝A浪 或 C浪：A浪×0.618 or 1.382 or 1.618

股價的走勢經常與波浪理論雷同

5波上漲

標準的ABC下跌

圖片來源：永豐e-leader

148

Part 4

股市3大技術指標

十年的投資經驗，反覆的操作練習，讓我體會出好
用的3大技術指標。

必須要學會的KD指標

我最初學會，也是最後學會的看盤KD指標，又可以稱為標隨機指標。

KD指標是所有學技術分析入門者的第一項指標，我也不例外，因為KD指標簡單易懂：黃金交叉就買進，死亡交叉就賣出。

而且要可以把這項指標運用自如，又是另一門大大的學問了。

認識KD指標

股價往往在投資人追高殺低下，會出現超漲超跌的現象，這個現象便可透過KD指標超過某一區間而表現出來。

所以這項指標非常容易入門，但是KD指標買賣訊號出現非常頻繁，較適合短線操作。

150

0050的月KD極具參考性

友達的KD好幾次出現死亡交叉，就要捨得賣出

以上圖片來源：永豐金e-Leader

當指標不斷往上至高檔時，投資人去追高，超過合理價位的買進行為將使股價超漲，這便就形成了指標超買的訊號。

KD會屬於較短、中期的指標，而KD指標的運用可用到開盤價、收盤價、最高價及最低價等資訊。

因此KD指標對盤勢的反應會較敏銳，通常KD指標在八十以上被視為超買區，KD指標在二十以下則視為超賣區。

由於D值較K值平緩，因此當K值在超賣區向上穿越D值時，表示趨勢發

生改變，為買進訊號。即是一般所稱低檔交叉向上時為黃金交叉，而當K值在買超區向下跌破D值時則為賣出訊號，即是一般所稱高檔交叉向下時為死亡交叉。

當股價突破前波高點，但指標走勢低於前波高點；或指標突破前波高點，但股價走勢卻一波波往下時，則為KD背離現象。

而在長期上漲的趨勢時，KD指標經常會在超買區高檔鈍化，亦即當指標在八十以上超買區，股價卻不跌時，代表的是可能還會向上再延伸一段波段行情。

鴻海的KD死亡交叉，投資人捨不得賣就被套牢了

圖片來源：永豐e-lea

KD指標因為屬於較敏感的指標，所以買賣訊號會頻繁的出線，因此要活用KD指標最好以長天期的角度來觀察。

此外，有時股價在盤整時，KD的黃金交叉還比死亡交叉的股價還高，所以我一直在學習如何改良KD指標來看盤。

例如月KD指標的準確性會高於週KD指標，而週KD指標的準確性又高於日KD指標。

後來我終於發現到，週KD交叉會比日KD交叉還來的精準，月KD則可以來觀察長期趨勢。

用週KD來判斷

一開始我會覺得KD指標很準，但是隨著投資年齡的增長，我發覺KD經常會有鈍化的現象，也就是說低檔黃金交叉後沒幾天，可能股價又繼續重挫，又再度死亡交叉下去。

舉例來說，當我發覺一檔股票的週KD黃金交叉，再配合季線翻揚，當時我便閉著眼睛買進去。

後來經過短暫套牢，不過股價都還能夠漲回在我所買的價位附近，甚至能夠賺取後面大波段的行情，這便是週

▶ KD指標的特色

1. 股價往往在投資人追高殺低下，會出現超漲超跌的現象，這個現象便可透過KD指標超過某一區間而表現出來。

2. KD指標對盤勢的反應會較敏銳，通常KD指標在80以上被視為超買區，KD指標在20以下則視為超賣區。

3. KD指標經常會在超買區高檔鈍化，股價卻不跌時，代表的是可能還會向上再延伸一段波段行情。

4. 月KD指標的準確性會高於週KD指標，而週KD指標的準確性又高於日KD指標。

5. KD(Stochastic Oscillator)簡稱為隨機指標，原名%K與%D，是在1950年時，由美國George C. Lane所發明的，這是一項對於股價高低敏感度最高，也是最常用的指標。

KD的妙用之處，因此KD這項指標雖然很好學，不過卻也是我最後學會運用自如的一項指標。

最好的賣出指標

KD之所以這麼難學會，就是它的交叉速度很快，有時候明明等了很久，好不容易等到「黃金交叉」，但是隔週就出現「死亡交叉」。這時若賣出，通常不僅沒賺到錢，反而是小賠，若是再一猶豫，就有可能被嚴重套牢了。

因此這麼多年來，我在運用KD指標時，通常是把它當作是「賣出指標」。主要原因就是在股票市場裡，一

個完整的波段行情，上漲時間通常較長，而下跌卻都是又快又急。

因此既然KD指標的反應比較靈敏，那麼反而適合用來當作「最好的賣出指標」。

KD指標若有一兩次鈍化背離，投資人跟著操作小賠後，在下次的交叉出現時，往往相信自己的判斷，結果反而錯失掉最大的一個大波段。

尤其是高檔崩跌時，不甘心停損，套牢後，只能苦苦地等待下一次的KD黃金交叉了。

156

section

2

極為普遍的MACD指標

MACD技術指標，這指標是從移動平均線基礎上發展起來的。

MACD中文名為指數平滑異同移動平均線。原理是利用DIF線和MACD移動平均線的變化來作為盤勢的研判。

均線，屬於「較慢」的平均線，而MACD移動平均線屬於短天期移動平均線，屬於「較快」的平均線，因此MACD指標具有確認中長期波段走勢，並具找尋短線買賣點的功能。

認識MACD

DIF線是屬於長天期移動平均線（MACD）二者交

當快的移動平均線（MACD）與慢的移動平均線（DIF）二者交

叉，代表的是趨勢就要即將反轉，因此MACD可以說是確立波段趨勢的重要指標。

反之，當DIF由MACD上方往下方跌破時，為波段賣點的確認。

由於MACD是使用指數型移動平均線方式求得，因此具有時間近者給較重權值，如此更具掌握短期訊號性質，而計算過程是經過二次平滑移動平均過程所求得的值。

所以與KD指標來比較，MACD指標的趨勢確認較準確。當DIF由MACD下方往上方突破時，表示短天與長天的需求指數擴大，市場逐漸熱絡，為波段買點的確認。

由於MACD指標主要是用來確認波段走勢，而非預測波段走勢，所以是屬於落後指標，假設遇到盤整區時，MACD指標所呈現的效果便不是很理想。

如何活用MACD

通常一般投資人會比較少去看MACD指標，原因就是因為這個指標的轉折太慢，無法達到預測股價漲跌的效益，往往MACD黃金交叉或死亡交叉時，股價都已經大漲或大跌很多了，

MACD走勢較趨緩，通常是用來確認趨勢用的

MACD可說是最後的晚餐，當股價從高檔
滑落時，再怎麼不甘心也要賣出

以上圖片來源：永豐金證券

159

所以頂多是用來參考，很少拿來活用。

不過在股票市場久了，我發覺MACD慢歸慢，但是卻不失為一個觀察趨勢的好工具。

從九千多點崩盤時，靠著MACD出場，雖沒出在最高點，也能夠出在相對高點了，所以MACD我自己把它稱為「最後的晚餐。」

大家可能常會聽到股市高手講的：

「投資要跟著趨勢走。」不過我想大家心裡應該會有個問題：「那現在的趨勢是什麼？」

MACD正可以解答這個問題，觀察MACD是走揚或走弱，就可以判斷目前的趨勢是如何，至於我用MACD這項指標，也是用週MACD來觀察。

以〇〇五〇的週線為例，當初台股能猶豫。

優雅的買進

我在股票市場裡有句口頭禪：「買要慢慢買，賣要快快賣。」

這句口頭禪的意思就是說，在買進股票時，要分批買進，並且用非常優雅的心態來買股票，一點都不需要心急。

在賣出股票時，要一次賣出，並且要用非常謹慎的心態賣出，賣出時一點都不

160

MACD對確認大盤或大型股的趨勢極具參考性

圖片來源：永豐金證

由於MACD這項指標的反應比較慢，通常股價已經漲了一段後，才會出現「黃金交叉」的狀況。

但是我卻認為這反而是一項確認買點的好指標，因此底部通常都要來反覆測底，一個底部的時間短則一個月，長則會超過半年以上，因此我通常用MACD來當作買進指標。

至於MACD的賣出訊號雖然死亡交叉的速度較慢，但是卻是一項重要的參考指標，尤其股價從高檔開始滑落時，MACD的死叉便是一個趨勢反轉的確認點。

不過MACD指標對於中小型股的精準度較不夠，主要原因是中小型股容易受到主力操控。這些年還有些惡質主力會因為散戶努力學技術分析，因此還對一些中小型股「做線」。

也就是說，故意把MACD指標做成黃金交叉，誘使散戶買進時，再大舉灌壓股價，而若想拉抬一檔小型股時，也會故意讓MACD指標死亡交叉，讓投資人嚇得賣出股票後，再開始連續拉抬股價。

為了避免落入主力作手的技術陷阱，我建議投資人應該以台灣五十和台灣中型一○○成份股的股票為投資標

162

投資小叮嚀

MACD是一個觀察趨勢的好工具。

的。這些公司的股本至少都有一百億，來，大型股股價不容易被操控，因此技

跟中小型股只有幾十億以下的股本比起　　術線型指標參考性也會較高。

許多投資人愛用的RSI指標

RS代表買方力道與賣方力道的比較，即是雙方相對強度的概念，而RSI則是把相對強度的數值定義在0～100之間。

RSI中文名稱為相對強弱指標，原理是：假設收盤價是買賣雙方力道的最終表現與結果，把上漲視為買方力道，下跌視為賣方力道。

RS代表買方力道與賣方力道的比較，即是雙方相對強度的概念，而RSI則是把相對強度的數值定義在

0～100之間。當盤勢全面連續上漲情況時，RS會趨近無限大，則RSI會趨近於100，因此當行情出現全面多頭時，會導致RSI趨近其上限100。

反之，當盤勢出現全面的跌勢，RSI會趨近其下限0。

164

圖片來源：永豐e-leader

圖片來源：永豐金證券

165

因此RSI值會介在0～100間，數值越大，代表買方力道越強，數值越小，代表賣方力道越強。

若當RSI指標在五十附近，代表多空力道接近，一般來說，以RSI指標七十以上代表買超，RSI指標三十以下代表賣超。不過在實際應用上，也可以彈性調整買超區為八十或九十，而賣超區為二十或十。

由於RSI是一種比率的指標，因此在趨勢分析的能力上會較弱，因此在判斷波段漲跌時，比較不會用RSI指標，但是RSI卻是一個可以確認K線型態的好指標。

RSI與KD不同的是，買超與賣超的數值是不代表買賣訊號的，僅表示趨勢反轉的機率較大。

一般運用RSI指標可以用來觀察W底或M頭等這二種型態，來作為股價高低檔區的最後確認。

用RSI來判斷股價漲跌容易有盲點，主要原因就是多頭市場時，通常追價的買力會很強，RSI容易維持在80以上的高檔區。而空頭市場時，追殺的賣力也會很強，RSI也會快速滑落至二十以下，因此在使用RSI指標時，最好還是搭配週線圖和均線指標來輔助，別太陷入RSI的數值迷思。

Part5

新手的存股策略

如果你從今天決定開始存股,那麼恭喜你,你已經
踏上了股市贏家之路。

如果今天開始存股

剛入社會的新鮮人，能夠從小錢開始存股，靠著時間複利，慢慢把錢滾大。

俗話說：「富不過三代。」因此每在媒體上看到官二代、星二代和富二代揮霍金錢的新聞，我的心中總是搖頭嘆息。

但是也不能怪他們，因為父母的事業太成功，子女除非有更遠大的理想，不然總是想著要如何享樂生活，從來不

為自己未來打算，所造成的結果自然是「一代不如一代」。

靠股票存到第一桶金

我的家世很簡單，父親是上班族，母親在市場賣水果，因此當我出社會賺錢時，完全無法從家裡得到任何協助，

▶ 我在20至30歲的存股過程

21 歲

教授規定要研究股票，而開始對於股市產生興趣。

23 歲

用打工賺來的10萬元，第一次買股。

25 歲

畢業後，每月至少存25,000萬元存股。

28 歲

存股本金約增長至60萬。

30 歲

靠存股存到人生的第一個100萬。

我只能靠自己打拼。但是我很感謝父親在我賺到第一份薪水時，就教我存股的觀念，所以我可以在結婚前，靠著存股票存到我人生中的第一個一百萬。

結婚有了孩子之後，開銷變得越來越多，所存的錢也越來越少，以前月薪3萬元時，每月至少都可存二萬元以上，但是婚後每月頂多只能存到五千元，更常常每月當月光族。

所幸以前單身時，就已經養成了存股的習慣，因此即使婚後就很難再從薪水多撥一點錢進股市。靠著以前的股息股利，股市的資產每年至少都以10％的速度成長，所以之前上班時，就以全部

的薪水當生活費，股市的錢就不挪用，繼續讓股票生股子。

因此雖然上班時的薪水不高，但是心中還是有一份安定感，因為至少之後要奉養父母或是退休後的錢，都可從股市裡獲得所需的收入，我估計那時的投資本金約在一百萬上下。

每年可從股市獲得的股息和股利約為十萬元，雖然不多，但是等於每年發給自己一筆年終獎金。

創業後的每月收入有增加，但是我還是維持過去一樣的簡單花費，我把多賺的錢繼續存股，目標是希望在退休

170

新手存股必學6大觀念

不管你是新手或老手，若你目前的現金不超過50萬，甚至是從O開始的話，那麼你一定要懂得以下6大存股觀念：

每次投資金額若只有幾萬元甚至幾千元的話，那麼建議只買股本大的績優股，可從台灣50和台灣100成分股中來挑選，我自己第一次存股的標的即是聯電，即是看中聯電是屬於大型績優股。

1

只買大型績優股

2

不用分散風險

投資專家都會教我們要分散風險，那是因為專家會預設你的投資本金超過上百萬甚至是上千萬，若你目前只存到5000元，只能買半張台企銀的股票，那分散風險根本沒有意義，目前投入金額較小的投資人，應該要關注在多存本金，而不是在意投資的風險。

3

不用分散風險

投資專家都會教我們要分散風險，那是因為專家會預設你的投資本金超過上百萬甚至是上千萬，若你目前只存到5000元，只能買半張台企銀的股票，那分散風險根本沒有意義，目前投入金額較小的投資人，應該要關注在多存本金，而不是在意投資的風險。

很多股市新手一旦開始買股票後，就天天盯著股價看，盤後看第四台老師解盤，晚上在繼續看歐美股，問題是，所投入的股市本金只有幾十萬，即使股價大漲或大跌，其實對於本金的損益影響不大，所以既然要以存股的觀念長期投資，就不要管短期內股價的漲跌。

4

不用管股價漲跌

5

不設定停損點

股價總是在漲跌之間不段地循環，若你買進股票後，股價持續地下跌，那麼恭喜你，你應該繼續多存錢買股票，因為股價越低，你可買進的單位數越多，例如2008年金融海嘯時，你若在低檔時抱著「長期存股」投資，隔年2009年股價馬上漲回來，存股的績效馬上大躍進。

6

若當年不配息就賣股

基本上只要決定存股了，我就不建議賣股票，但是有一種例外情形，即是你所投資的公司當年不配股息了，那麼這就失去了存股的意義，因為存股就是為了要生股子股孫，再藉著降低成本的觀念長期投資，因此若當年不配股息，那不如那一年先換股，換到另外一家有相同殖利率的公司，這樣才不會長期套牢在一家公司，還無法靠著時間複利來獲利。

前，可以存到一千萬的投資本金，每年可以從股市獲得一百萬的股息股利。

得跟時下報章媒體所報導的有所不同，但我認為媒體所講述的投資策略，不適合從零開始的投資人。

本節所建議是讓剛入社會的新鮮人，能從小錢開始存股，靠時間複利，慢慢把錢滾大。若你目前投資股市資金在一百萬以上，接下來我分別以一百萬、五百萬、一千萬資金，建議規劃的存股策略。

上表即是紀錄我從大學時代到我結婚前的存股紀實，雖然一開始存股很辛苦。但俗語說：「萬丈高樓平地起。」無論你將來要達到什麼樣的財富高度，一樣都要從地基開始好好打起。

表上的六個存股觀念，完全是這幾年我本身存股的經驗之談，或許你會覺

174

section
3

一百萬投資策略

存到第一個一百萬時，我建議你要咬牙撐過想花費的慾望，繼續存股。

從大學時代就開始騎車上學，每天日曬雨淋地騎車，所以以前在存股時，總是在想像著以後有錢想買一台車，當我二十八歲時，我的戶頭終於有第一個一百萬。

當時我問了我爸爸的意見，我爸給我兩個選擇，一個是繼續存股，一個是拿部分的錢去買車，這樣可以達到雙方面的滿足。

買車後的花費

後來我決定以六十萬元，購買了一台一千八百C‧C的國產車，其餘四十萬元則繼續放在股市繼續存股，但是買

車後的第一個花費便是租停車位，經比較後，找到每月三千元的月租停車位。

但是其他買車的花費卻是買車前沒精算過的，像每月油錢的支出情況，每月固定的油錢約五千元，之前油價高漲時，更經常突破七千元，若加上開車去中南部玩的ＥＴＣ過路費和油錢，每月的油錢和停車費用，一個月約在一萬五千元是跑不掉。

我還沒算完，每三個月汽車得進廠保養，基本開銷為五千元，而且不含零件耗損費用，加上每年的燃料稅、牌照稅等，每年花在養車的成本上，就要在十萬左右，若是偶爾還有小擦撞或想重

新烤漆等，花費會更大。以上是我大約的概算，若我當時不買車一個月省下超過二萬，一年可以至少省下二十四萬。

也就是若我沒買車繼續存股的話，我就不用在重新從四十萬開始存，而是可從一百萬的基礎上繼續存股。

▶ 買車後的費用計算

(以每月平均計算)

1.加油錢	6,000元
2.停車費與ETC	5,000元
3.保養費	5,000元
4.罰單或烤漆	4,000元

但當時我爸沒建議我繼續存股，後來我有問他原因，他的理由是雖然繼續存股可以讓我的財富持續增加，但是將來我結婚有家庭後，肯定也會遇到買車的需求。

以後結婚後所要面對的是更多的花費問題，與其如此，那不如趁錢少時先面對這問題。若能早日體悟那些錢不該花，反而對我之後的人生更有幫助。

戒急用忍是上策

現在回頭想想當初自己的買車決定真是個大錯誤，因為不算買車的費用，若我把之後養車的費用再繼續投入股

市，那麼不用三年，那一百萬就直接翻倍成為二百萬，再三年則有機會衝到伍百萬。

所以當你辛苦存到第一個一百萬時，有別於當初我爸的建議，我建議你要咬牙撐過想花費的慾望，繼續存股，尤其若你投資股市的功力還是一般，例如你的績效無法每年超過20％，那麼還是乖乖地找10％報酬率的股票繼續存股。

若真的很想買車，那麼就讓投資股市的本金到達五百萬元再來買吧，因為以前幾十萬元投資時，股市的波動損益約在萬元左右，但是本金若到了百萬元

177

以上，那麼波動損益就提升到了數十萬元，因此這時每個決定都會影響將來的績效，也會決定自己是否越快達到財務自由。那時我只剩下四十萬投資時，若光靠每年的除權息，是無法讓財富增加的速度變快。

每月又要多出許多養車費用，所以為了要多存點錢，還必須自己再額外兼差，終於在三十歲時，又辛苦地靠存股和存錢，總算讓戶頭又看到了一百萬。

三隻小豬投資術

第一次看到戶頭有一百萬時，內心除了興奮也充滿了驕傲，也因此無法守

住那第一個一百萬，而第二次看到一百萬的心情，則是充滿欣慰和懊悔，因為多浪費了兩年來存到這一百萬，若這兩年能好好投資，肯定資產增加地更多。

不過收拾好心情後，我認真地規劃了接下來的投資策略，當以前只有幾十萬元投資時，我可以不管績效和股票，每月只要有錢就存下來買股。

但是如今資產到了一百萬，我必須努力提升我的選股和看盤功力，因為稍一不甚做錯了投資決定，這一百萬反而不進則退。一百萬之前選股主要是挑選一檔金融股，主要原因是波動小，加上我不太會選股，所以我採用定期定

178

額的方式投資，但是有了一百萬之後，我開始想著要如何穩健地提升我的投資績效，後來被我想出「三隻小豬投資術」。

成長與穩健兼具

「三隻小豬投資術」即是找出每年穩定配息，但股價波動幅度大於20％的股票，當成第一隻小豬來投資，第二隻小豬則是找出第二檔波動幅度小，但也是每年固定配股息的股票，第三隻小豬則維持原先投資的金融股。

初期我不知這樣的組合績效如何，所以我把一百萬採取三三四的比例分別

把100萬分成三份，分別投資不同的股票

投資這三檔股票。之後每月存的錢，我再根據這三檔股票的股價波動來投資。

然是以投資股票為重，但若當年度投資報酬率低於15％，我便會檢討持股，看是否應該調整股票。

例如若其中有一檔股票的跌幅較重，那麼我便會買那一檔股票，因為跌深表示我可以買較多的單位數。

我一樣不保留現金，只要有錢就存股，因為股市裡本身就有定存概念股，但是年報酬卻比定存高好幾倍，所以當

在這裡我不列出三隻小豬我分別投資哪些股票，這是因為我每一年會根據股票配股配息的變動，來調整我的持股狀況，因此我只希望提出用不同的持股來分散投資風險，並且提高投資績效。

180

section
4

五百萬投資策略

資金若已經到達了五百萬，任何操作都是會影響損益至百萬元以上。

擁有一大筆錢可投資，不代表你一定賺錢。

五百萬就退休？

事實上，在投資之路上賺錢與否，跟金錢多寡一點關係都沒有，關鍵就在於本身是否擁有正確的投資觀念，和嚴格的操作執行力。

記得某期的財經雜誌曾經以「五百萬就退休」當封面故事，內容主要是鼓勵投資人若手中有五百萬現金，只要找到每年7％的投資工具，就可以直接退休了，但這是理想狀況，實務上真的有這麼順利嗎？

我隔壁的鄰居在二〇〇七年五十歲時被公司裁員，他當時是公司的副總，存款剛好有五百萬，那時股市行情正夯，所以他想著一年投資在股市若有20%的獲利，每年就可穩賺一百萬，日子也還過得去。

「你至少還有一百萬現金可投資，再找個輕鬆點工作，然後重新出發吧。」當時的我苦勸他不能放棄，否則人生真的就這麼墜落下去了。

只是事與願違，二〇〇七年底至二〇〇八年爆發了全球金融海嘯，他所投入的五百萬現金，腰斬再腰斬，最後認賠出場時，現金只剩下一百萬。

「當初本想每年獲利一百萬，沒想到如今卻只剩下一百萬。」他談起這段過往時，眼睛充滿淚水，依然懊悔不已。

讓錢為我工作，邁向一千萬之路

後來他去應徵了大樓管理員的工作，每月至少約有二萬多元的生活費，而股市的資金在二〇〇九年股市回漲後，也慢慢回到了近三百萬，如今的他不敢想著五百萬就退休，反而跟我一樣靠著存股，每年固定配股配息就好。

至於我自己，由於創業後的收入增

2008～2009台股周線圖

圖片來源：永豐e-leader

加，所以每年可多投資股市的資金固定都在五十至七十萬左右。

因此在三十五歲時，我在股市的資產就順利到達五百萬，只是由於我的資產都全部放在股市，因此當二〇〇七年金融海嘯來臨時，我也面臨了資產大縮水的窘況。

因此在三十五歲時，我在股市的資產不只漲回來，更因為在二〇〇七至二〇〇八年又在低檔加碼存股，所以在股市的資產順利到達七百萬元的關卡。

於是我繼續存股，也因為有堅持下來，在二〇〇九年股市大幅上漲後，我

做好資金配置穩穩賺

事後回想金融海嘯那投資過程，內心其實多了很多警惕，也讓我重新思考，當投資資金到達五百萬時，其實不宜再把全部資金都投入股市，後來我想出了下圖的資金配置。

當時我的股市資產從五百萬縮水至二百三十萬，那時沮喪的心情讓我產生放棄存股的念頭，後來看到電視新聞報導美國股神巴菲特的資產也因金融海嘯大縮水，我念頭一轉：「股市總是有漲有跌，關鍵還是在於是否堅持長期投資。」

我將五百萬的資產分為三等份，

15%買儲蓄型保險，15%投資台灣50，70%繼續存股，這樣資金分配在一般專家眼中看來，還是風險太大，他們會建議要購買基金或債券才安全。

但是金融海嘯時，所有的財經專家的建議完全失靈，那時不管是基金還是債券一樣慘賠，若買到當時的連動債，下場更是慘不忍睹。

所以與其交給投資專家賺管理費和手續費，還不如自己學會資產配置。

當然，若你覺得我的資金配置風險過高，你也可以提高非股票資產的投資比例，只是這樣的資金配置，對我之前

一○○％的資金投資股市來說，已經是降低了風險。

而且會這樣配置的原因是，若再來一次金融海嘯時，我還是會有15%的保險和15%的ETF可換成現金加碼股市，這對我來說，是一個進可攻退可守的資金配置。

看懂趨勢，讓錢快速增長

做好資金配置之後，我便加強我在股市的技術分析，因為台股是個淺碟型市場，因此經常會呈現超漲與超跌的情形，因此唯有判斷好股市的趨勢，在空頭時多持有現金，在多頭時再持有

股票，才能讓自己的資產更快速增長。

左圖是我找到的台股近二十五年來的月線圖，若從六千點的橫軸畫一條線，可發現若在台股六千點以下買股一定賺，七千點以上買股一定賠。

有了這項發現，我便決定調整我的存股策略如下：

一、台股若在六千點以下，加碼現今投入股市，減少保險和ETF的比例。

二、台股若在六千到七千點盤整，持續存股，維持保險和ETF的比例。

三、台股若在七千點以上，不在投入現金存股，增加保險和ETF的比例。

這三個投資策略即是以高檔保留現金，低檔加碼股市的概念，進而提高獲利績效。但不管股市在高或低檔，每年的配股配息依然繼續再投入股市，這樣才能達到複利的功效。總結來說，資金若已經到達了五百萬，任何操作都會影響損益至百萬元以上。

所以這時投資更該戒慎恐懼，而不能抱著「有錢投資就是大爺」的心態，在股市中，唯有謙虛以對才是最後的股市大贏家。

1990～2014台股周線圖

6000點以下是長期好買點

圖片來源：永豐e-leader

▶ 資金配置是最後勝出的關鍵

section 5

一千萬投資策略

達成一千萬的目標時，不妨就把達成一億元當成人生的終極目標。

很多在股市的投資人最大的夢想就是可在股市賺到一千萬，然後靠股利輕鬆退休。

但事實上，我認為賺到一千萬只是算達成初步的財務自由，真正要輕鬆退休，則是要成為專業投資人。

成為專業投資人

自從二○○八年雷曼兄弟倒閉事件之後，台灣金管會便開始推動「專業投資人」制度，投資人若想要購買較複雜的金融商品，不只專業知識要足夠，重點是口袋要有錢。即使你有金融證照，或是口袋不夠深，想要買衍生性金融商

品，依然會被打回票。根據金管會規定「專業投資人」的財力認定資格，是可以拿得出三千萬台幣的財力證明或者與銀行往來總資產逾一千五百萬元。

簡而言之，若是你目前總資產可達到三千萬的投資人，即可成為專業投資人。

雖然一開始我不認同這項政策制度，原因是那時我還再努力將資產拼上五百萬，心中覺得人生若能有一千萬就夠了，那時根本不敢想三千萬，等到股市資產突破一千萬後，才開始覺得這項政策是有其道理的。

記得以前在美國時，投資人在追求「專業投資人」的也是第一個一百萬美金，這換算成台幣，也剛好是三千萬台幣。

而且在投資至一千萬的過程中，也的確付出了很多努力，若繼續將這努力提升，一直到達成三千萬，我相信可配稱為「專業投資人」，所以當資金到達一千萬時，就先把「專業投資人」當成一個中繼的目標。

資金蹺蹺板

在資金只有一百萬時，我提出了「三隻小豬投資術」，在五百萬資金時，則是用分配資金的方式投資，如今

▶ 資金蹺蹺板

多頭時的資金比例

70%股票

30%
現金

空頭時的資金比例

70%
現金

30%
股票

到了一千萬的資金，所要注重的則是整體投資的分配，我取名為「資金蹺蹺板」股市總是在多空不斷地循環，所謂的「資金蹺蹺板」則是根據多空不同的環境，來調整現金與股票的比例。

多頭時70％買股票，30％放定存，空頭時70％放定存，30％放股票，這比例分配跟五百萬不同是這時的現金可直接放入定存，股票則還是投入高殖利率來繼續存股。

當然，若你的定力較夠，現金可以不考慮定存，而是可改投資其他的投資工具，但是要確保之後多頭時，可轉回股票繼續配股配息。

根據我的經驗，若是資金完全投入股市，一千萬的資金損益幅度，會約在三百至五百萬之間。所以我才建議把多餘的資金放在資金，以降低損益的幅度，而最重要的就是避開股市的大小空頭。我會放在定存的原因是讓自己不會手癢去下單，全心專注在存股的操作上，而且當空頭轉回多頭時，我一樣可隨時解定存下單。

邁向億萬富翁之路

當已經達成一千萬的目標時，我建議不妨就把達成一億元當成人生的終極目標吧！至於要如何達成，其實也沒

▶ 將股息繼續投入股市

年期	年初值	預期績效	年底值(本利和)
1	$10,000,000	10%	$11,000,000
2	$11,000,000	10%	$12,100,000
3	$12,100,000	10%	$13,310,000
4	$13,310,000	10%	$14,641,000
5	$14,641,000	10%	$16,105,100
6	$16,105,100	10%	$17,715,610
7	$17,715,610	10%	$19,487,171
8	$19,487,171	10%	$21,435,888
9	$21,435,888	10%	$23,579,477
10	$23,579,477	10%	$25,937,425
11	$25,937,425	10%	$28,531,167
12	$28,531,167	10%	$31,384,284
13	$31,384,284	10%	$34,522,712
14	$34,522,712	10%	$37,974,983
15	$37,974,983	10%	$41,772,482
16	$41,772,482	10%	$45,949,730
17	$45,949,730	10%	$50,544,703
18	$50,544,703	10%	$55,599,173
19	$55,599,173	10%	$61,159,090
20	$61,159,090	10%	$67,274,999
21	$67,274,999	10%	$74,002,499
22	$74,002,499	10%	$81,402,749
23	$81,402,749	10%	$89,543,024
24	$89,543,024	10%	$98,497,327
25	$98,497,327	10%	$108,347,059

甚麼秘訣或招式了。除了用「資金蹺蹺板」把資金控管好，定期地調整持股，接下來需要的就是靠時間來讓複利發揮了。

還記得複利的公式嗎？

上頁表即是我列出的複利終值表，若將一千萬持續投入股市投資，那麼以每年平均 10% 的績效，大約在二十五年後就可達成一億元的目標，所以將你目前的年齡再加二十五，即可得知你大約會在幾歲成為億萬富翁。

算完後，或許你在億萬富翁的年齡是在七十歲之後，你會覺得太慢了，能

不能在更早一點成為億萬富翁，事實上，成為億萬富翁只是一個人生過程，重點是你在這過程中活的是否精彩，是否對於社會有所貢獻，而不是想早日成為富翁而提早退休。

我不鼓勵提早退休，原因就是身為一個社會上的一份子，我們每個人都必須在士農工商貢獻自己的一份力量，而不是整日泡在股市裡看著數字漲跌，每個人都要找出自己的專業，持續地繼續努力工作。

所以不管擁有多少財富，都必須持續專注在自己的本業上，將自己的所有聰明才智都貢獻給國家，如此才是一個

充實豐富的人生。若是提早退休，即使擁有了金錢可揮霍，但是日子過久了一樣會覺得空虛，因為真正的快樂是再多金錢都買不到。

所以與其把投資目標放在「提早退休」上，還不如把目標放在賺到多少錢要如何奉獻給別人，這樣才不會讓自己陷入無限貪婪的循環之中，而是讓自己的身心靈都能夠豐富滿足。

投資小叮嚀

真正要輕鬆退休，則是要成為專業投資人。

MEMO

Part 6

如何選擇定存股

投資人若想要購買較複雜的金融商品,不只專業知識要足夠,重點是口袋要有錢。

存股就像滾雪球，越滾越有錢

section 1

股市裡有句話說：「在股市裡十個人有九個人是賠錢的。」原因就是那些賠錢的人，大部分都想來賺股票價差，卻幾乎沒有人想賺股票每年的配股配息。

但事實上，在股市裡賺錢的人，卻都是只想每年獲取除權息的報酬，如果你從今天決定開始存股，那麼恭喜你，你已經踏上了股市贏家之路。接下來你只要擁有以下三個存股心法，你將穩穩當當地邁向財富自由之路。

新手存股三心法

一、耐心等待

如果杜鵑不啼，如何使它啼呢？日本流傳有這樣一句話：織田信長說：「杜鵑不啼，強迫它啼。」豐臣秀吉說：「杜鵑不啼，誘勸他啼。」德川家康說：「杜鵑不啼，等待它啼。」

198

這個故事，經常用來形容這三位在日本戰國時期的英雄性格，織田信長性格暴躁，所以會逼迫杜鵑啼叫，而豐臣秀吉善於運用計謀，因此會用計謀誘使杜鵑啼叫；至於德川家康性格隱忍堅韌，所以會等待它啼叫。

想在股市中要想成為最終的贏家，就是要學習德川家康的忍耐，以前在股市漲漲跌跌的過程中，我有時候會看對某段行情，所以就會想著：「若能搭配賺點價差，那獲利不就更好。」

但事實上越有這種想法，等真的進場時，行情又不如自己所預估，反而是價差沒賺到，又乖乖回來繼續存股。

二、分批佈局

如果你是小資族，每月頂多存個幾萬元存股，那麼你已經是在做分批布局了，但若你手中有一大筆錢，而想採用存股的投資，那麼就應該要在除權前，定期定額分批買進的方式布局想要存股的股票，才能降低持股風險。

定期定額分批佈局的好處是，若在空頭時，越往下跌買的單位數越多，可累績較多的股票。

而在多頭時，越往上長買的單位數越少，若到時趨勢反轉，存股的績效理當不會減少太多。

三、長期投資

華人電影明星周星馳曾經有段經典電影對白：「曾經有一份真誠的愛擺在我的面前，但是我沒有珍惜，等到失去的時候才後悔莫及，塵世間最痛苦的事莫過於此。如果上天可以給我個機會再來一次的話，我會對這個女孩說我愛她，如果非要在這份愛加上一個期限，我希望是一萬年……」

當然存股的長期投資不可能達到一萬年，但是存股的績效若沒有十年以上，是絕對看不出效益的。

若在存股的過程中覺得無聊至極，

那麼我要再次恭喜你，你越覺得無聊，那麼股票存股的績效反而越高。

存股3心法

1.耐心等待。

2.分批佈局。

3.長期投資。

200

section
2

避免買進的三大類股

一個股市更有上千檔股票可投資，假若沒有一個好的篩選機制，那麼即使有了正確的存股觀念，若買到錯的股票，會讓自己長期賠大錢。

俗話說：「一樣米養百樣人。」

一個股市更有上千檔股票可投資，假若沒有一個好的篩選機制，那麼即使有了正確的存股觀念，若買到錯的股票，不只無法致富，更會讓自己長期賠大錢。

三類公司，我絕對不碰

這幾年來我買過至少有幾十檔股票，我發現每檔股票真的有它的股性，若要賺短期價差的股票，絕不適合存股。因為短線的飆股經常是怎麼漲上去也怎麼跌下來，下定決心要存股後，我設定以下三類是絕對不會存的股票。

這三類股都有個共同特徵，他們都只需一個產品暢銷大賣，就能讓公司翻身，進而股價狂飆，若是創業的人，我會鼓勵多往這三個方向去拚，但若長期存股的投資人，絕對不適合這三類型的股票。

不過，若您是比較資深的投資人，平常也有些閒錢可以投機，就算賠光也不會影響生活，那麼倒是可以考慮這三種類股，因為每年漲幅最大最快的飆股，通常都在這三大類股裡。

202

一、科技股

自從二〇〇〇年網路泡沫後，電子科技類股一直是我避免選擇投資的類股。原因就是科技日新月異，今日的贏家很有可能是明日的輸家。

以台灣績優電子股宏碁為例，由於平板電腦的興起，造成筆記型電腦的需求大幅下滑，這也造成宏碁的股價呈現崩盤式的走勢圖，一直要到宏碁創辦人回歸後，股價才開始築底反彈。

宏碁周線圖

| 2353 | ▼輪查 宏碁 | 還原 月 週 日 時 分 T | | 開 12.15 | 高 12.25 | 低 10.10 | 收 10.20 | 量 107,619 | 金 12,031.07 |

K線圖(開:15.40 高:15.40 低:15.10 收:15.25 漲跌:0.10) 5MA(14.98)▲ 10Ma1(13.86)▲ 20Ma1(12.96)▲ 40Ma1(12.54)▲ 80Ma1(14.94)▼

成交量(17,553) 5VMA(170,400)▼ 20Ma1(91,679)▼ 60Ma1(72,379)▼

圖片來源：永豐e-leader

二、生技股

　　生技股可分為新藥、製藥、醫材等類，新藥在研發過程相關複雜，股市投資人不易了解。

　　業者在發布內容過於浮濫，容易影響股價的暴漲與暴跌，最有名的例子即為二○一四年七月基亞發布新藥如期過關卻落空，造成股價連續跌停，許多台灣中實戶在此一役可是損失慘重。

基亞日線圖

圖片來源：永豐e-leader

204

三、遊戲股

還記得「憤怒鳥」這手機遊戲嗎？看看你周圍還有多少人在玩這遊戲，電子遊戲容易因為某樣暢銷遊戲就大賣，但是如今的消費者永遠都在追逐更新更好玩的遊戲，所以股價也容易造成暴漲與暴跌。

二○○九年的網龍也因為當年的業績暢旺，讓股價飆漲近五百元，但隨後熱潮一過，股價就呈現崩盤式的走法。

網龍周線圖

圖片來源：永豐e-leader

從五面向找出定存股

凡符合我的五面向選股，即列入我的口袋清單。

多年前研究過美國股神巴菲特的投資哲學後，我決定將他的選股方法套用在台股上。雖然國內很難有像美國可口可樂、吉列、麥當勞等大型國際公司。

當我把台股所有的股票列出後，再刪除科技股、生技股和遊戲類股後，剩下的類股我就不特別劃分類股，而是以概念式的方式來規納。

凡符合我的五面向選股，即列入我的口袋清單，以下我便分別介紹我的五面向選股和個股的案例分析：

但是還是能用巴菲特的精神挑出一些類股，再經過我多年的操作實戰後，終於讓我找出了選出定存股的五面向。

206

一、每日必用品

每天生活必用品其實從食衣住行育樂涵蓋了許多面向，但若說現代人每天必備的一項必用品，我認為就是手機了，

現今的智慧型手機已經跟以前單純通話的功能，升級到許多生活上的應用，但若只選手機製造商的話，反而會選到科技股，因此我推薦最穩健的通信股，因為不管哪一款手機，都需要電信商來提供傳輸與服務，而電信股的首選便是中華電信。

中華電

圖片來源：永豐e-leader

二、不用開發新產品

開一間公司若能有一項產品產出後，不用再需要創新，那麼各項生產的流程成本都可以降低，因此第二個面向便是找尋不用開發新產品的公司。

石化公司就是屬於這類的公司，雖然還是會因為原物料報價的高低產生損益，但是比起科技公司每年都必須提撥研發基金來說，傳統的石化公司這部分的研發成本的確是很低的，台灣的石化公司可以台塑集團的台塑化為代表。

台塑化

三、股價波動低

既然存股的目的是希望用時間複利來滾財富雪球，那麼股價就不宜有太大的波動，因為存股的投資人畢竟是有血有肉的，看到股價大漲或大跌時，心中還是會想做點價差，唯有股價平穩時，才不會有做短線的念頭。

股價波動低的股票其實大部分集中在金融股，我就簡單挑選金融股中ROE約10%的永豐金為代表。

永豐金

四、進入門檻高

巴菲特強調一家好公司應該要有足夠的護城河，這即是指任何其他家想跨入這行的公司，都必須因為進入門檻很高而知難而退，便利超商即是我認為進入門檻非常高的行業。

現在每走幾步路就有一家便利商店，即使想跨入這行的公司多有錢，也因市場已經飽和而必須知難而退，而如今還存活的便利商店的公司，就如同獨佔市場般地穩穩賺了，便利超商龍頭統一超即是代表。

統一超

圖片來源：永豐e-leader

五、可再生存十年

巴菲特說：「如果你不願意擁有一家公司十年，那就不要考慮擁有它十分鐘。」我一直強調，存股的績效要以十年為單位來檢視，所要投資的公司便要確保可再生存十年，壽險公司即是這面向的代表，因為每一份保單動輒繳十五至二十年的保費，國內每個人平均至少都有二張保單，所以若保險公司好好的運用保險金投資，便會有不錯的成績，國泰金即是優質保險公司的代表。

section

4

如何提高定存股的績效

讓配股配息持續再投入股市，那獲得的獲利相乘更是驚人。

在我三十歲那年，歷經多年的努力存下的存頭期款，加上結婚後妻子的存款，我們終於買了人生中的第一個房子。

雖然每個月要付房貸，但是比起以前付房租幫房東賺錢的日子，心中其實踏實許多。

做越少賺越多

我目前住的房子，從買進到現在近十年，即使漲了一倍，但是沒有想過要賣房子，因為賣掉後也要再換房，但是同地段的房價也漲上來了，若要大一點空間的房子，便要搬離市區，所以其實算來算去，不換房是個較穩健的做法。

212

定存股長期的牛市其實很驚人

圖片來源：永豐e-leader

決定把存股票當成我今生最重要的操作之後，我便無時無刻在想要如何提高存股的績效。

想來想去，有一天我突然領悟到，存股票其實跟買房子很像，只要不常交易，靠著時間就能幫你賺錢。

但是房子比較不一樣的是，若房子是自住，其實只能靠著房子的漲價來讓資產增長，但是若房地產不景氣，造成房價不漲反跌時，那麼其實房地產的獲利還是有限。

股票卻能夠靠每年的配股配息，讓資產獲得實在的增加，並且若能讓配股配息持續再投入股市，那麼獲得的獲利相乘更是驚人。

214